発刊に寄せて

　全国柔道整復師連合会はすべての柔道整復師の社会的地位向上と、現場の柔道整復師の先生方が目の前の患者さんの施術に専念できる環境を作るため平成23年12月18日に設立し、これまでに公益社団法人日本柔道整復師会をはじめ、関係団体との連携に取り組んでまいりました。

　また、柔道整復療養費を中・長期的な視点で議論する社会保障審議会医療保険部会「柔道整復療養費検討専門委員会」に専門委員を輩出し、個人契約柔道整復師の代表として様々な提言を行ってまいりました。

　さらに、「柔道整復師団体情報交換会」や「柔道整復師連携フォーラム」を全国各地で開催し、団体間の垣根を超えて全国の柔道整復師の先生方と情報交換等を行ってきたことは、厚生労働省からは高く評価していただいております。これからも、私も共同代表を務める「全国柔道整復師統合協議会（会員施術所数1万5,251カ所、令和4年3月31日現在）」と連携して、柔道整復師の業務範囲の拡大やすべての柔道整復師に公平・公正な審査委員会の構築、オンライン請求・オンライン資格確認、広告規制に関するガイドライン制定など業界全体の諸問題の解決に向けて、活動してまいります。

　しかしながら、柔道整復師が施術所を運営する上では、業界全体としての政策提言などにより解決できる問題の他に、患者さんとのトラブルや各保険者への対応、従業員さんを雇われている施術所は人事労務の問題など、施術以外での対応が多岐にわたります。

　私たち全国柔道整復師連合会には、こうした問題についても、これまで培ってきたものがあります。

　今般、培ってきたノウハウを全国の柔道整復師に知っていただきたいと考え、柔道整復師業界の諸問題に精通されている髙津陽介弁護士に、柔道整復師が知っておくべき法的知識とともにおまとめいただきました。

　是非ご一読いただければ幸いでございます

年8月
連合会
威勢夫

は じ め に

　野球少年だった私の怪我をみて、身体の使い方を教えてくれたのは柔道整復師の先生でした。怪我を押してでも試合に出場しなければならない時の対処法や、再発防止のために日常生活動作で改善すべきところを教えていただき、単に「検査をして原因を説明し、その後は安静にしているよう指示する」という対応にとどまらない怪我との向き合い方を教えていただきました。

　しかし、弁護士になってから痛感しているのは、柔道整復師の何たるかについて、世の中から必ずしも正しく理解されていない面があるのではないかという疑問です。そして、その誤解に基づく疑念が柔道整復師の先生に向けられた時、先生たち自身も、自分たちの存在を理論面から解きほぐして説明することは容易ではなく、その原因は理論的な話がわかりやすく解説された書籍が不足しているからではないかと思うようになりました。

　たしかに、柔道整復療養費の適正化を図る必要性はあるのでしょう。しかし、それにより柔道整復そのものの有用性が否定されるものではありません。武道の「活法」を基本とし、これに東西の医学技術が加わって発展してきた柔道整復術は、負傷した人体の治療を行い、患者の肉体的苦痛を除去し、日常生活動作上の助言等を行うところに特徴があり、患者の立場からすれば、どこでどのような治療を受けるかを選択する自己決定権に資する存在です。

　僭越ながら、患者の自己決定権に資する治療家として社会貢献している先生方をバックアップしたいと思い、本書を上梓しました。また、柔道整復師と接点を持つ保険者、損害保険会社、弁護士の方々にとっても、少しでもお役に立てれば幸甚です。

　本書の発刊にあたっては、株式会社日本法令の田中紀子氏より、素朴な疑問や補充すべき点のご示唆をいただきました。心より感謝申し上げます。

令和4年8月

弁護士　髙津陽介

CONTENTS

第1章 **柔道整復師とは**

CONTENTS

第2章　施　術

第3章 療　養　費

CONTENTS

第4章 **交通事故**

第5章　　労　　災

第6章 **患者トラブル**

🏃 第8章　　広　　告

👤 第9章　　**人事労務**

凡　　例

本書に登場する法令について、次の略語を用いています。

育児介護休業法　　育児休業、介護休業等育児又は家族介護を行う労働者の福祉に関する法律
雇用機会均等法　　雇用の分野における男女の均等な機会及び待遇の確保等に関する法律
個人情報保護法　　個人情報の保護に関する法律
自賠責法　　自動車損害賠償保障法
短時間有期雇用労働者法　　短時間労働者及び有期雇用労働者の雇用管理の改善等に関する法律
マイナンバー法　　行政手続における特定の個人を識別するための番号の利用等に関する法律
労基法　　労働基準法
労契法　　労働契約法
労災保険法　　労働者災害補償保険法
労働施策総合推進法　　労働施策の総合的な推進並びに労働者の雇用の安定及び職業生活の充実等に関する法律

第 1 章

柔道整復師とは

1-1 業務内容

Q 柔道整復師とは、そもそも何をすることができるのでしょうか？

A 医師と柔道整復師にのみ許された柔道整復を独占的に行うことができます。

解説

　柔道整復師の資格や仕事については、柔道整復師法に定められています。

　まず、柔道整復師とは、「厚生労働大臣の免許を受けて、柔道整復を業とする者」と定義されています（柔道整復師法2条1項）。そして、柔道整復は、「医師である場合を除き、柔道整復師でなければ、業として柔道整復を行ってはならない」と定められています（柔道整復師法15条1項）。つまり、柔道整復師は、柔道整復を仕事として行うことができる者ということになります。そして、柔道整復は、医師と柔道整復師にのみ許された独占業務ということになります。

　それでは、「柔道整復」とは何でしょうか。

　「柔道整復」の定義は、柔道整復師法には存在しません。

　もっとも、武道の「活法」として発生し、中国医学や江戸時代の南蛮（スペイン・ポルトガル）医学を取り込み、それ以降19世紀にかけて、イギリス、ドイツ、フランスなどの医学が導入され、それに我が国独自の研究成果も加わり、発展、普及していったという歴史的経緯等に鑑

み、現在では、打撲、捻挫、脱臼、骨折に対して施術を行うことにより
その回復を図るものと考えられています。打撲、捻挫、脱臼、骨折に限
られる点は、大正時代に柔道整復術が公認された際に設定されたもので
す。これが、昭和45年の柔道整復師法制定の際にも前提とされていま
す（**1-3** 参照）。

　そして、「柔道整復師は、外科手術を行ない、又は薬品を投与し、若
しくはその指示をする等の行為をしてはならない」（柔道整復師法16
条）とされ、外科手術および薬品の投与・指示は禁止されています。

　したがって、結局のところ、柔道整復とは、打撲、捻挫、脱臼および
骨折に対して、外科手術および薬品の投与・指示によること以外の方法
で施術を行うものとなります。

　柔道整復師の施術の適否が争われた裁判例（昭和47年4月3日長野
地裁松本支部判決）でも、「柔道整復師に許された柔道整復とは打撲、
捻挫、脱臼および骨折に対して、外科手術、薬品の投与またはその指示
をする等の方法によらないで応急的若しくは医療補助的方法によりその
回復を図ることを目的として行う施術を指称するものと解する」と判示
されています。

図表 1-1　柔道整復のイメージ図

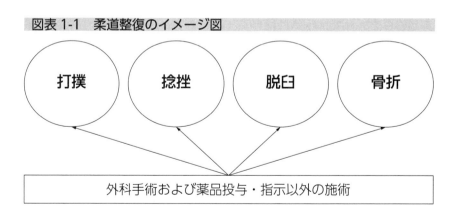

1-2 隣接業種との異同

Q 柔道整復は、診療行為、鍼灸指圧、整体、カイロプラクティック、マッサージなどの隣接業種とはどこが異なるのでしょうか？

A 法律に基づく資格、規制の有無がまったく異なります。柔道整復は、「医業類似行為」として、公的資格を有する柔道整復師と医師のみが行うことができます。

解説

　医師とは、医業を行う者であり（医師法17条）、医業とは、反復継続する意思をもって医行為に従事することです。医行為とは、「医師の医学的判断及び技術をもってするのでなければ人体に危害を及ぼすおそれのある行為」（昭和56年11月17日最高裁判決）で、その危険性ゆえに医師でなければ医業をしてはならないとされています（医師法17条）。

　他方、柔道整復、あん摩マッサージ指圧、鍼灸については、医行為ではないけれども一定の資格を有する者が行わなければ人体に危害を及ぼすおそれがあることから、無資格者が業として行うことが禁止されています。

　具体的には、柔道整復は、医師である場合を除き、柔道整復師でなければ業として行うことはできません（柔道整復師法15条）。また、あん摩マッサージ指圧、はり、きゅうは、医師である場合を除き、あん摩

マッサージ指圧師免許、はり師免許、きゅう師免許を受けなければ業として行うことはできません（あん摩マッサージ指圧師、はり師、きゅう師等に関する法律1条、12条）。

　医師が行うのは「医業」とよばれるのに対し、柔道整復師が行う柔道整復、あん摩マッサージ指圧師が行うあん摩マッサージ指圧、鍼灸師が行う鍼灸は「医業類似行為」とよばれ区別されています。また、医師が医行為として患者を診察、診断、治療することは「診療」とよばれるのに対し、医業類似行為の各行為は「施術」とよばれ区別されています。

　以上の医業または医業類似行為以外にも、整体、カイロプラクティック、一般のマッサージなどの健康ビジネスが存在しています。しかし、これらは、人体に危害を及ぼすおそれのない範囲で行うことができるに過ぎません。法律に資格があるものではなく、できることに限りがあります。

図表 1-2　柔道整復の法律上の位置づけ

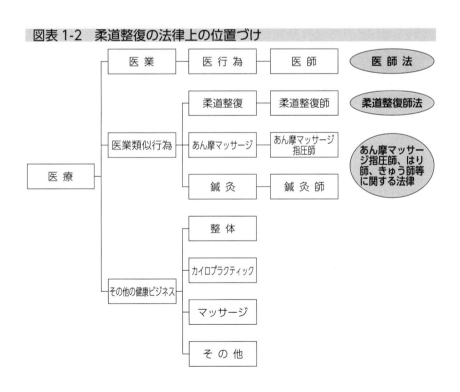

1-3 柔道整復と診療の違い

Q 柔道整復師が行う施術は、医師が行う診療とどこが異なるのでしょうか？

A 施術を行うことができる対象と方法が異なります。対象は、打撲、捻挫、脱臼および骨折等に限られます。方法は、外科手術および薬品の投与・指示によること以外のものに限られます。

解説

　柔道整復とは、打撲、捻挫、脱臼および骨折等に対して施術を行うことにより、その回復を図るものです。

(1) 対象の限定

　まず、施術を行うことができる対象は、打撲、捻挫、脱臼および骨折等に限られるものと解釈されています。これは、昭和45年の柔道整復師法制定の際、提案理由説明において、施術の対象は「専ら骨折、脱臼の非観血的徒手整復を含めて打撲、捻挫など新鮮なる負傷に限られている」ことが前提とされているからです。療養費の支給対象も「外傷性が明らかな骨折、脱臼、打撲及び捻挫」に限られる旨が明記されています（柔道整復師の施術に係る算定基準の実施上の留意事項「第1の5」。以下、「留意事項」といいます）。

もっとも、前述のとおり（**1-1** 参照）、柔道整復師法上、「柔道整復」に関する定義はなく、上記提案理由説明においても「打撲、捻挫など新鮮なる負傷」と広がりのある言葉が用いられているので、打撲、捻挫、脱臼および骨折の 4 種類に限られると限定的な解釈をすべき必然性は、必ずしも高くないのではないかと理解しています。

（2）脱臼・骨折についての医師の同意

　また、脱臼または骨折については、医師の同意が必要となります（柔道整復師法 17 条本文）。これは、患者の身体に危害が生じるのを防止する趣旨です。つまり、脱臼や骨折は、患部の情報を正確に把握した上で治療方針を立てる必要があり、まず、医師が実施する X 線検査などの診療情報を基に患部の状況を正確に認識する必要があるからです。

　もっとも、応急手当をする場合は医師の同意がなくても行うことができます（柔道整復師法 17 条ただし書）。これは、医師の診察を受けるまで放置した場合、むしろ患者の生命・身体に重大な危害を来たすおそれがある場合もあることから、そのようなときは、柔道整復師が患部を一応整復する行為を行うことが適当と考えられるからです。

　このような趣旨から、「応急手当をする場合」とは、脱臼または骨折の場合に医師の診察を受けるまで放置しては生命・身体に重大な危害を及ぼすおそれがある場合、を意味するものと考えられています。「応急」の必要性を緩やかに解釈して施術を行ってしまうことは認められません。あくまで、直ちに医療機関にかかれない理由があり、患部を放置すると生命・身体に重大な危害が生じるおそれがあるという必要性、緊急性が認められる場合の暫定的な措置として認められることに留意が必要です。

　また、応急手当を行った後、引き続き施術を行う場合には、原則どおり医師の同意が必要となります。

　応急手当でもなく、医師の同意なく脱臼または骨折の施術を行った場合、30 万円以下の罰金に処せられます（柔道整復師法 30 条 2 号）。

(3) 方法の制限

　さらに、柔道整復師は、外科手術や薬品投与をしたり、その指示をしたりをすることもできません（柔道整復師法16条）。外科手術や薬品の調剤を行った場合、3年以下の懲役もしくは100万円以下の罰金に処せられ、またはこの両方が科されます（医師法17条、31条1号、薬剤師法19条、29条）。

　もっとも、湿布については、危険性がなく、かつ柔道整復師の業務に当然伴う程度のものであれば許容されます（昭和24年6月8日付医収第662号）。

(4) 越権行為の責任

　柔道整復師が本来行うことができない行為を行った結果、患者に損害を生じさせた場合、民事上、刑事上、行政上の責任を問われる可能性があります。

　例えば、柔道整復師が、風邪気味であるとして診察治療を依頼された患者に対して、熱が上がれば体温により雑菌を殺す効果があって風邪は治るとの誤った考えから、熱を上げること、水分や食事を控えること、閉め切った部屋で布団をしっかり掛け汗を出すことなどを指示し、その後、患者の病状が次第に悪化しても、格別医師の診察治療を受けるよう勧めもしないまま、再三往診するなどして引き続き前同様の指示を繰り返し、その後、患者の容態が悪化し、死亡するに至った事案で、柔道整復師に業務上過失致死罪（刑法211条）が成立するとした事案があります。

　柔道整復師は、患者の身体の安全を確保する仕事であり、しかも、患者は柔道整復師を信頼して施術所を訪れています。信頼を寄せている患者に対する施術や療養指示の影響力はとても大きいです。その影響力の大きさゆえに、柔道整復師として、できること、すべきことを慎重かつ正確に判断する必要があります。

1-4 医師の同意

Q 医師の同意はどのように取得すればよいでしょうか？

A 実際に当該患者を診察した医師から、患者または柔道整復師自ら同意を得る必要があります。整形外科医に限られませんが、整形外科医が望ましく、また、書面を得るなど記録化しておくべきです。

解説

　脱臼または骨折を施術する場合、応急手当をするときを除き、医師の同意が必要となります（前述 **1-3**（2）参照）。これは、患者の身体に危害が生じるのを防止する趣旨です。

　したがって、医師の同意は、事前に包括的に同意を得ておくという方法では足りず、医師が当該患者を実際に診療した上での判断が必要になると考えられます。

　また、医師の同意は、整形外科の医師に限られるといった規制が明文化されているわけではありませんが、患者の便宜等の観点から、当然、専門医にかかることが望ましく、一般的には整形外科医に照会するのが望ましいでしょう。

　医師の同意は、患者自身が医師から同意を得る方法でも、柔道整復師が医師から同意を得る方法でも構いません。また、同意を得る形式は、

口頭であっても構いません。もっとも、何も記録が残っていないとなると、「同意を得た」との証明が著しく困難となりますので、同意書を得るか、少なくとも施術録に記載する等の方法で記録化しておくことが望ましいと言えます。

　なお、療養費の支給対象となる施術に関しては、「柔道整復師の施術に係る算定基準の実施上の留意事項」「第1」「3」では、①整形外科、外科等を標榜する医師に限られないこと、②実際に患者を診察した医師からの同意であること、③同意を得るのは、患者でも施術者でも構わないこと、④同意を得た旨が施術録に記載してあり、かつ支給申請書の「摘要」欄に付記されていれば、必ずしも医師の同意書の添付は必要ではないことなどが規定されています。

　この点に関して、平成30年7月18日東京高裁判決では、当初、柔道整復師が施術を行った際には骨折の事実が判明しておらず、その後、医師により肋骨骨折と診断されたという事案で、骨折と診断されるまでの間に柔道整復師が行った施術費用について、骨折に対する施術を行うことについて医師の同意を得ていないことや、医師の診療方針に反するものであったことを指摘し、施術の必要性、相当性を否定する判断が出されています。骨折や脱臼の疑いが少しでもあるケースでは、念のため医療機関の受診を勧め、医療機関と連携しながら施術の可否、内容を決定していくことが重要となります。

1-5 X線撮影の可否

Q より正しく患部の状態を知るために、X線撮影による検査を行うことはできないのでしょうか？

A 柔道整復師がX線撮影を行うことはできません。

解説

　X線検査（いわゆるレントゲン検査）を含む放射線を人体に照射して行う各種検査を行うのは、医師、歯科医師または診療放射線技師でなければなりません（診療放射線技師法24条）。これに違反すると、1年以下の懲役もしくは50万円以下の罰金またはその併科となります（同法31条1号）。したがって、柔道整復師が、X線検査を行うことはできません。

　また、診療放射線技師は、医師または歯科医師の具体的指示を受けなければ上記各検査を実施することはできません（同法26条1項）。これに違反すると、6カ月以下の懲役もしくは30万円以下の罰金またはその併科となります（同法34条）。したがって、もし仮に柔道整復師が診療放射線技師免許を取得したとしても、医師または歯科医師の指示なくX線検査をすることは、いずれにしろできません。

　この点について、柔道整復師がX線検査を実施してこれを読影した行為について、これが診療放射線技師及び診療エックス線技師法（昭和

58年改正前）と医師法違反に問われたケース（平成3年2月15日最高裁判決）では、被告人となった柔道整復師は最高裁判所に上告して争いましたが、結局その主張は認められませんでした。

　最高裁で排斥された上告趣意の要点は、以下のとおりです。いずれも認められず、上告理由にあたらないとして一蹴されています。臨床の現場で活躍する柔道整復師から見ると、異論が大いにあり得るところだと思いますが、現行の法律制度を前提とする限り、上記のように解釈されていることに留意が必要です。

(1)「診断」は柔道整復師の義務であり業務の範囲に属するとの主張

　被告人は、「接骨」は医業であると主張し、柔道整復師等の医業に従事する者は患者の症状についてそれぞれの療法が適応するかどうか診断すべき義務があり、診断したことおよび診断のため医師と同じ機器を用いたことが医師法違反に問われることはないと主張しましたが、認められませんでした。

　柔道整復師が何らかの施術を行う以上、患者の症状を把握し、一定の判断を行った上で施術を行うという意味で、医師の診療行為と同種同様の判断過程を経ているのではないかという点では、当該上告趣意も首肯できる点があるのですが、医師ができることと柔道整復師ができることは別であり、その種類、程度、能力などを区別していない点で、論理に飛躍があると言わざるを得ないと思います。

(2) 学校でも教えているとの主張

　また、被告人は、柔道整復師養成学校において、理学的検査（X線の見方を含む）を教えることとされているなどの事実をもって、科学の進歩に伴って発明され応用された機器の利用は業務の範囲内であると主張しましたが、認められませんでした。

　この点も、事実上教わっていて使い方を知っているというレベルと、

それを使用することが患者の人体に健康上の支障を与えないことが法律上保障されているかというレベルを混同するものとの批判を免れないと思います。

（3）危険性が小さいとの主張

　さらに、被告人は、Ｘ線は、かつては人体に重大な影響を及ぼすとして有資格者のみ操作できるものとの法の制限下におかれたが、科学の進歩、発展に伴い、広く使用され、現在では、医師、歯科医師の指揮下にある従業員たる無資格者の手によって日常的に使用されていると主張しましたが、認められませんでした。

　これも、もし指摘されているような事実があるとしても、是正されるべきは無資格者による使用が許容されているという事実のほうで、そういったことがあるからといって、直ちに柔道整復師が使用して差し支えないということにはなりません。「柔道整復師もＸ線検査を実施できるようにすべき」というのは、立法論としてはまだしも、現行法における解釈論としては無理があると思います。

1-6 免　許

Q 柔道整復師の免許を得るための条件は何ですか？

A 柔道整復師国家試験に合格し、所定の手続きを行って登録すること、所定の欠格事由に該当しないことが必要です。

解説

（1）免許の取得

　柔道整復師の免許は、業として柔道整復を行うのに必要な資格です。柔道整復師国家試験に合格した者に対して、厚生労働大臣から与えられます（柔道整復師法3条）。免許は、厚生労働省によって柔道整復師名簿に登録されます（同法5条、6条1項）。また、免許を得たときは、厚生労働大臣から柔道整復師免許証が交付されます（同法6条2項）。

（2）欠格事由

　もっとも、次の者には免許が与えられないことがあります（同法4条）。

① 心身の障害により柔道整復師の業務を適正に行うことができない者として厚生労働省令で定めるもの

② 麻薬、大麻またはあへんの中毒者

③ 罰金以上の刑に処せられた者

④ 前号に該当する者を除くほか、柔道整復の業務に関し犯罪または不正の行為があった者

　このうち、①については、柔道整復師法施行規則1条で、精神の機能の障害により柔道整復師の業務を適正に行うにあたって必要な認知、判断および意思疎通を適切に行うことができない者と規定され、同施行規則1条の2において、これに該当すると認められる場合、当該者が現に受けている治療等により障害の程度が軽減している状況を考慮することとされています。

　③については、罰金、禁錮、懲役または死刑の刑に処する判決の言渡しを受け、これが確定した者を意味します。確定とは、上訴（控訴・上告）によって争うことができなくなった状態を意味しますので、控訴または上告中は「刑に処せられた」に含まれません。もっとも、執行猶予判決の場合は、これに含まれることに注意が必要です。執行猶予判決は、有罪判決に基づく刑の執行を一定期間猶予するものに過ぎず、「刑に処せられた」ことに変わりはないからです。

　「罰金以上」の刑が定められているものの例としては、窃盗罪（刑法235条）や詐欺罪（刑法246条）などはもちろんのこと、落とし物を勝手に持って行ってしまうなどの遺失物横領罪（刑法254条）や、酔っ払って喧嘩をして殴ってしまった場合などの暴行罪（刑法208条）、インターネット上で誹謗中傷をした場合などの名誉毀損罪（刑法230条1項）など、意外に身近な犯罪行為も含まれますので、注意が必要です。

　4条各号の欠格事由に該当する場合でも、厚生労働大臣は免許を「与えないことある」という規定となっていますので、与える場合もあるということになります。欠格事由に該当し、免許を与えないこととするときは、あらかじめ意見聴取の機会が与えられます（柔道整復師法7条）。

（3）取消し

　柔道整復師法4条各号の欠格事由のいずれかに該当するに至ったときは、厚生労働大臣は、その免許を取り消し、または期間を定めてその業務の停止を命ずることができるとされています（柔道整復師法8条）。免許取消しなどの行政処分は、厚生労働省によって、氏名、整骨院名、処分内容等が公表されています。直近でも、虚偽の施術証明書を作成、送付して現金を騙し取ったという詐欺罪や、盗撮、強制性交などの犯罪を犯した者が免許取消しや免許停止の処分を受けている例があります。

柔道整復師養成校入学の今昔①

道友グループ
会長　田畑興介

　平成の初頭まで柔道整復師の養成校は全国で14校、1学年の定員が1,050名と、旧厚生省の行政指導により総量規制が行われていました。養成校への入学は、それはそれは狭き門であり、学力だけでは入学が叶わない側面もありました。

　当時の標準的な入学方法は、高校または大学を卒業したら、まずは接（整）骨院を運営されている師匠のところに弟子入りして数年間修業を積みました。そして師匠から「そろそろ学校へ入ってみるか」とお声がけ（師匠による養成校への推薦状）をいただいたら、この推薦状と学力をもって晴れて入学する、という流れでした。学力が伴わない弟子は、推薦状があっても数年間の浪人生活を経て入学することになります。また、多くの弟子を抱えている師匠の接（整）骨院であれば、順番待ちの修業期間はそれだけ長くなってしまいます。師匠の力は絶大であり、弟子は師匠に対して決して逆らうことなどできない関係性であったことが、ご理解いただけると思います。

　そしてその関係性の継続から、卒後後もお礼奉公なるものを経験した柔道整復師は少なくないと思います。まさに「ザ・昭和」です。いろいろありましたが、今となっては理不尽の中にも懐かしい思い出でもあります。

1-7 施術所の開設

Q 施術所を開設する時はどのような手続きが必要になりますか？

A 構造設備が基準に適合したものである必要があり、施術所の所在地の都道府県知事（保健所を設置する市または特別区にあっては市長または区長。以下「都道府県知事等」といいます）に届け出なければなりません。

解説

（1）届　出

　柔道整復師が柔道整復の業務を行う場所を「施術所」といいます（柔道整復師法2条2項）。施術所を開設した者は、開設後10日以内に、施術所の所在地の都道府県知事（保健所を設置する市または特別区にあっては市長または区長）に対し、所定の届出事項を届け出なければなりません（同法19条1項）。届出事由に変更が生じたときも同様です。

　届出事項は次のとおりです（柔道整復師法施行規則17条）。

① 開設者の氏名および住所（法人については、名称および主たる事務所の所在地）

② 開設の年月日

③ 名称

④ 開設の場所

⑤　業務に従事する柔道整復師の氏名
⑥　構造設備の概要および平面図

　上記規定からわかるとおり、施術所を開設するのは必ずしも柔道整復師である必要はありません。柔道整復師の免許がなくても施術所の開設は可能ですが、開設する施術所には柔道整復の業務に従事する柔道整復師がいなければならないという建付けになります。

(2) 構造設備

　施術所の構造設備は、厚生労働省令で定める基準に適合したものでなければなりません（柔道整復師法 20 条 1 項）。具体的には、次のような基準が設けられています（柔道整復師法施行規則 18 条）。
①　6.6m^2 以上の専用の施術室を有すること
②　3.3m^2 以上の待合室を有すること
③　施術室は室面積の 7 分の 1 以上に相当する部分を外気に開放し得ること（ただし、適当な換気装置があるときはこの限りでない）
④　施術に用いる器具、手指等の消毒設備を有すること

　①は、「専用の」施術室なので、休憩スペースを兼ねていたりするなど他の目的と併用することはできません。

　③は、窓があって開けられる面積が室面積の 7 分の 1 以上ある必要があるという意味です。引違い窓（2 枚のガラスを並行した 2 本の溝の上をスライドさせて開閉するタイプの窓）だと、片側の面積のみがカウントされることになります。もっとも、「適当な換気装置」で代替可能なので、実際には換気扇やエアコンがあれば OK です。

(3) 衛生措置

　施術所の開設者が講じなければならない施術所の衛生上必要な措置は、①常に清潔を保つこと、②採光、照明および換気を充分にすることです（柔道整復師法施行規則 19 条）。

(4) 監　督

　都道府県知事等は必要があると認めるときは必要な報告を求めることができ、また、施術所の構造設備もしくは衛生上の措置の実施状況について立入検査をすることができます（柔道整復師法21条1項）。これについて、虚偽の報告をしたり、検査を拒んだり、検査を妨げたり、忌避したりした場合、30万円以下の罰金に処せられます（同法30条7号）。

　施術所の構造設備が基準に適合していない場合や、衛生上必要な措置が講じられていない場合は、都道府県知事等は、施術所の開設者に対し、使用制限、使用禁止、改善命令を発することができます（同法22条）。これに違反した場合、30万円以下の罰金に処せられます（同法30条4号）。

柔道整復師養成校入学の今昔②

道友グループ
会長　田畑興介

　養成校入学の潮目が変わったのは、平成10年の「柔道整復師養成施設不指定処分取消請求事件」（福岡地裁）という裁判で、旧厚生省が行っていた総量規制は違法と判断されたことでした。雨後の筍のように全国で養成校が乱立し、令和3年には大学や専門学校などを含め103校を数えるまでになりました。毎年約7,000人以上が卒業しますが、少子化の影響で養成校間の入学者争奪戦も熾烈なものとなっています。

　大きく変わった入学事情に対してノスタルジックなことを言うつもりはありませんが、養成校の非常勤講師を務めている筆者には、学生の「柔道整復師になりたい気持ち」は、昔のほうが明らかに強かったように感じられます。例えば、実技の講義で余った時間に養成校のカリキュラムから離れて教える「臨床で使える手技」への反応が、まったく違います。

1-8 業界の動向

Q 近隣に新しい柔道整復師の施術所がオープンして患者がそちらへ移ってしまわないか心配なのですが、業界として施術所は増加傾向なのでしょうか？

A 柔道整復師と施術所の数は増えているのに対して、療養費の支給額は減少傾向にあるため営業努力が必要です。

解説

(1) 数の急増

　柔道整復師の数は、増加傾向にあります。平成10年には2万9,087名でしたが、令和2年には7万5,786名と2.5倍以上に増えています。

　この背景事情としては、従前、柔道整復師養成施設の新規指定申請に対して、国は柔道整復師の需給調整を理由に不許可とする運用を行っていたところ、これが訴訟で争われて平成10年に国が敗訴し、それ以降、柔道整復師養成施設の数も柔道整復師の数も増加したということがあります。令和2年時点の施術所数は50,364となっており、令和4年1月時点のコンビニエンスストアの店舗数は約5万5,000店舗（一般社団法人日本フランチャイズチェーン協会調べ）なので、ほぼ同数の施術所があるということになります。

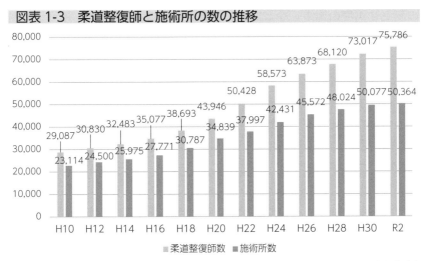

図表 1-3　柔道整復師と施術所の数の推移

凡例：■ 柔道整復師数　■ 施術所数

	H10	H12	H14	H16	H18	H20	H22	H24	H26	H28	H30	R2
柔道整復師数	29,087	30,830	32,483	35,077	38,693	43,946	50,428	58,573	63,873	68,120	73,017	75,786
施術所数	23,114	24,500	25,975	27,771	30,787	34,839	37,997	42,431	45,572	48,024	50,077	50,364

（厚生労働省「衛生行政報告例（就業医療関係者）の概況」を元に筆者作成）

(2) 療養費の先細り

　日本では、医療機関の窓口で保険証を提示すると自己負担分のみの支払いで医療サービスを受けられます。これは、国民皆保険により医療的サービスという現物給付を受けられるという枠組みです。

　柔道整復師の施術を受ける際も、保険医療機関を受診するのと同様、窓口で保険証を提示すると自己負担分のみの支払いで施術を受けられます。これは、柔道整復師の施術の有用性に鑑み、患者の便宜を図るため認められるに至った措置で、患者は、保険医療機関を受診するのと同じように柔道整復師に対して自己負担分のみ支払うことで施術を受けられます。施術の後は、柔道整復師が患者に代わって保険者等に対して療養費の支払いを請求することになります（後述 **3-1** 参照）。

　この療養費の支払いをめぐる不正請求が、社会問題となっています。例えば、本来は療養費の支給対象とならない症状に対する施術の請求、必要以上に多部位または長期間にわたる施術の請求、部位転がし（部位

の変更や再度の施術）などです。会計検査院による平成21年度決算検査報告においても、柔道整復師の療養費の伸び率が国民医療費の伸び率を大きく上回っており、施術所の数が著しく増加していることなどをも踏まえ、柔道整復師の療養費の支給の適正化のための方策が呼びかけられています（後述 **3-17** 参照）。

このような動きを受けて、療養費の支給が抑えられ、柔道整復師数および施術所数の増加傾向に反して、療養費の支給金額は右肩下がりの減少傾向となっています。

また、近年、救急医療体制の充実などにより骨折などの症状は医療機関で診察してもらうという選択をする患者も増えています。整体などの隣接健康ビジネスが都市部を中心に多店舗展開をする例も増えており、既存の柔道整復師から顧客（患者）を奪うことも起きています。

このように、柔道整復師業界は、療養費の支給の先細りと競争激化にさらされており、以前に比べて厳しい環境下に置かれている状況です。

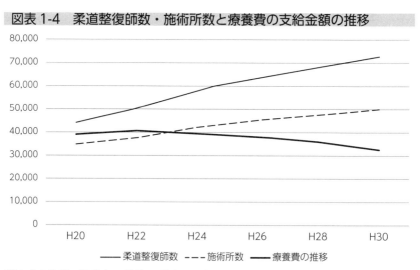

図表 1-4　柔道整復師数・施術所数と療養費の支給金額の推移

（注）「療養費の推移」の単位は「千万円」
　　　　　（厚生労働省「衛生行政報告例（就業医療関係者）の概況」及び
　　　　　「医療保険に関する基礎資料」を元に筆者作成）

第1章　柔道整復師とは

（3）営業努力が求められる時代に

　厚生労働省の「衛生行政報告例（就業医療関係者）の概況」によれば、平成10年当時の1施術所当たりの柔道整復師数は、1.26人です。柔道整復師数が増えた令和2年でも1.50人で、そう増えていません。この数字だけ見ると、1施術所当たりの柔道整復師の数は1～2名という例が多いのだろうと推察されます。実際、柔道整復師免許を取得し、数年間の修行を経て独立をし、個人事業として施術所を経営するという例が圧倒的に多いのが実態です。

　柔道整復師としてのキャリアをスタートさせるには、柔道整復師養成施設（専門学校・短大・大学）において、解剖学、生理学、病理学、衛生学その他必要な知識および柔道整復の技能を3年以上修得した上で、国家試験に合格する必要があります。国家試験に合格すると、柔道整復師として開業する資格が得られます。通常、他の接骨院などで1～3年程度経験を積んでから開業するという例が多いです。未だその傾向に大きな変化はなく、小規模な施術所を単独で経営する例が多いと見てよいでしょう。

　ある意味、これまでは目の前の患者に対する施術を一生懸命やっていれば「治療家」としての役割を果たす上では十分で、施術所の経営も、基本的にはそれで安泰でした。

　しかし、柔道整復師自体の数の急増と療養費支給の先細りという厳しい競争環境に置かれるようになり、資格取得後いきなり独立する例や、株式会社化して多店舗経営に乗り出す事業者が現れるなど、業界に変化が現れています。また、専門性を発揮したきめ細かな施術を行ったり、療養費に頼らない自費診療を積極的に取り入れたり、隣接健康ビジネスと融合したサービスを提供したりするなど、事業者ごとの創意工夫が積極化している傾向があります。

　このように、厳しい業界情勢の中、各柔道整復師に営業努力が求められる時代になっています。

柔道整復師養成校入学の今昔③

道友グループ
会長　田畑興介

　接（整）骨院で弟子をしている学生が多かった頃には、無資格でも臨床経験のある学生達の目は爛々と輝き、いわゆる教え甲斐というものを強く感じました。ところが現在では、弟子という認識は労使ともに薄れ、従業員としてでも接（整）骨院で働いた経験のある学生はほとんどいません。臨床経験のない学生に「臨床で使える手技」を教えてもリアクションは乏しく、同じ内容でもその価値は極端に下がってしまいました。

　また近年では国家試験の一環として実施される認定実技審査への合格に重きが置かれるようになり、臨床うんぬんは養成校であまり教えなくなってしまいました。

　柔道整復師になりたい人が誰でも養成校に入学できる現在は、ある意味、正常化した養成校の姿です。しかし一方で、「本当に柔道整復師になりたいのか！」なんてお説教が通じない時代を招いてしまいました。

　「柔道整復師になりたい気持ち」の低下、臨床経験の乏しさを考えれば、現在の学生は就職してからかなり努力しなければならなくなったとも言えます。弟子を経験した世代の柔道整復師には、狭き門があり、理不尽がありました。かなりふるいにかけられた者が柔道整復師を目指していました。その人たちは、まだまだ現場に立っています。

　現在の学生は、その人たちと勝負して患者さんから選んでもらえる柔道整復師にならなければならないのです。そうした事情も考えてみれば、違法とされた総量規制ですが、理に適った部分もあったように思えてきます。

第2章

施　　術

2-1 施術契約の法的性質

Q 施術を行う以上、必ず治さなければならないのでしょうか？

A 通常、「必ず治癒させる」という結果を請け負う契約はしておらず、症状の改善のために最善を尽くすという義務を負っているに過ぎないと解されます。

解説

　柔道整復師と患者の法的関係は、患者が施術所を訪れ、柔道整復師に対して自らに施術を行うよう求め、柔道整復師がこれに応じることによって始まります。法的には、患者の依頼と柔道整復師の承諾という、2つの意思表示によって施術契約が成立したことになります。

　この施術契約の内容は、柔道整復師としては患者のために柔道整復師法で認められている範囲内で適切な施術を行うことを約束し、患者としては柔道整復師に対してその施術に対する対価（報酬）を支払うことを約束したものとなります。

　この施術契約は、民法上の準委任契約（民法656条）と解釈されます。準委任契約というのは、当事者の一方が、他方に対し、ある一定の事務を行うことを委託する（頼む）ものです。あくまで事務の委託に過ぎず、仕事の完成を約束する請負契約（民法632条）とは性質が異なります。つまり、準委任契約と請負契約とでは、依頼に基づき何らかの

図表 2-1　施術契約の法的性質

①施術の依頼

| 患者 | ②施術の承諾 | 施術者 |

施術契約

サービスを提供する点は同じですが、準委任契約は、サービスを提供することにより特定の結果を発生させることまでを請け負うというものではなく、委任されたサービスそれ自体を誠実に行えば足りるのに対し（手段債務）、請負契約は特定の結果を発生させること（仕事の完成）を目的とするものです（結果債務）。

　柔道整復師の施術契約は、一般的に、治癒という結果までを請け負うものではく、それを請け負ったと解釈される特段の事情がない限り、法的性質は準委任契約であると解釈されています。このことは、柔道整復師の施術の適否が争われた昭和47年4月3日長野地裁松本支部判決で、「柔道整復師として許容された診療行為の範囲内で、同人のために適切な診断・治療をする旨の準委任契約がなされたものと解するのが相当である」と判示されているとおりです。

　もちろん、プロとして最良の結果を出すために最善の努力を尽くすことは当然です。しかし、施術行為の性質上、どんな場合でも必ず治癒という結果を導くことができるとは限らないのも事実です。したがって、治癒することまでを請け負っていない以上、必ず治さなければならないということにはなりません。

　なお、医師における診療契約や弁護士における委任契約も、施術契約と同様、委任契約または準委任契約と解釈されています。

2-2 施術に求められる水準

Q 柔道整復師の施術に求められる技術水準はどの程度でしょうか？

A 平均的な柔道整復師が施術を行うときに通常尽くすであろう注意を尽くしたか否かが問題となります。

解説

　前述のとおり（**2-1**参照）、柔道整復師には、施術契約の締結により、患者に対し柔道整復師法で認められている範囲内で適切な施術を行う義務が生じます。

　この義務は、委任（治療）の目的に従い、善良な管理者の注意をもって委任事務を処理すべき義務です（＝善管注意義務。民法644条）。そして、施術に際して尽くすべき注意の程度は、「善良な管理者」としての注意を尽くしたかが問題となりますが、「善良な管理者」としての注意を尽くしたかどうかの水準（レベル）は、医師に求められる医療水準の議論が参考になります。

　この水準は、「診療当時のいわゆる臨床医学の実践における医療水準」と解釈されています（昭和57年3月30日最高裁判決）。つまり、診療当時の医療水準に照らして、当該医療機関の医師と同じ立場の医師にとって通常求められるレベルのことを行ったかどうかが問われることになります。

医業類似行為を営む柔道整復師にも、これと同様の考えがあてはまるでしょう。すなわち、柔道整復師が施術契約上負っている善管注意義務の程度は、施術当時の柔道整復師業界における通常の施術水準に照らして、当該柔道整復師と同じ立場の柔道整復師にとって通常求められるレベルのことを行ったかどうかが問題になると考えられます。つまり、「善良な管理者」としての注意とは、柔道整復師個人の能力に応じた注意ではなく、平均的な柔道整復師が当該施術契約に基づき施術を行うときに通常尽くすであろう注意という意味、と解釈できます。

　これは、施術契約が患者と柔道整復師の信任関係に基づくものであることに由来する義務です。つまり、身体の生理的機能を害している状態の患者が、専門的技能を有する柔道整復師の技能を信頼し、柔道整復師が自らの利益のために最善を尽くすであろうということを期待して施術を委託し、そのような期待の下、自らの身体に対して有形力を行使する権限を柔道整復師に与えたという信頼関係です。柔道整復師としては、このような患者の期待と患者との信任関係に専門的職業人として応える義務があることになります。他の業務で忙しかったとか、経験年数が浅かったなどの事情は、当然ですが、それだけで善管注意義務の程度を引き下げる事情にはなりません。また、施術料が安かろうと健康保険利用だろうと、また仮に無報酬で引き受けた施術であったとしても、柔道整復師側の善管注意義務の程度は基本的には変わりはなく、通常尽くすべき注意義務の程度が下がることにはならない点に注意が必要です。

　施術にあたって善良なる注意者として尽くすべき注意義務を尽くしていない場合（善管注意義務違反が認められる場合）、それによって患者に損害が生じたときは、柔道整復師はその損害を賠償する責任（民法415条）を負います（後述 **2-9** 参照）。

2-3 インフォームド・コンセント

Q 「インフォームド・コンセントが重要だ」と聞いたことがありますが、「インフォームド・コンセント」とは何でしょうか?

A 柔道整復師が施術を実施するにあたり、その前提として、患者が施術を受けるか否かの意思決定を行うための必要な情報を十分に与えられた上で施術に同意していることが必要という考え方です。

解説

　柔道整復とは、打撲、捻挫、脱臼、骨折に対して施術を行うことによりその回復を図るものですが、施術の過程で、患者の身体に対して有形力を行使することが通例です。

　例えば、脱臼に対して患部を手で揉みほぐし、牽引して整復する整復法は、その行為の外形的側面だけを見れば、身体に対して有形力を行使していることにほかならず、形式的には、暴行罪（刑法208条）の「暴行」に該当するものです。無資格者が患者の同意を得ないでこれと同じ行為を行う場面を想起するとわかりやすいと思うのですが、それは単なる身体への侵襲行為にほかならず、生理的機能を害するおそれのある危険な行為と言わざるを得ません。

　このように身体に対する有形力の行使が柔道整復師による施術の場面

で行われたとき、それが暴行罪のような犯罪とならないのは、患者が施術に同意していて、当該施術が当該症状に適応のあるものであり、かつ手段として相当だからです。患者の同意があって、初めて正当化されるものなのです。法学の世界における分類上、当該施術行為は、形式的には暴行罪の構成要件に該当するけれども、患者の同意があって、方法も相当であるから、それは社会的に有用な行為と評価され、それが故に違法性がないものと扱われるという整理になります。

　したがって、患者から有効な同意を得ることが施術行為の出発点で、それがない限り施術行為は適法なものとはならないのです。

　このように、患者の同意は、施術行為の適法性を根拠づける基本中の基本となります。そして、同意が有効に行われたと言えるためには、必要な情報を与えられ、施術の意義やリスクを正しく理解した上で施術を受けるか否かの意思決定を患者自身が行ったことが必要となります。必要な情報が十分に与えられないまま単に形式的に同意をしたとしても、それは真意に基づく自己決定をしたとは言えないからです。

　このように、施術の実施にあたり患者が施術を受けるか否かの意思決定を行うための必要な情報を十分に与えられた上で施術に同意していることが必要というのが、「インフォームド・コンセント」とよばれる考え方です。

図表 2-2　インフォームド・コンセント

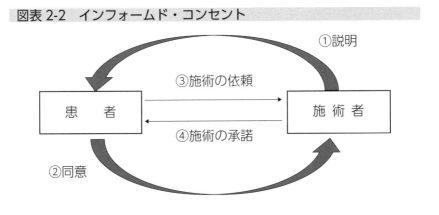

「インフォームド・コンセント」、つまり、「情報を知らされた上で同
意する」という過程において、患者が情報を「知らされる」のは、通
常、当該施術を行おうとする柔道整復師による説明によってです。ここ
に、当該柔道整復師には、施術にあたって有効な同意を取り付けるため
に、その前提として説明義務があるということになります。つまり、柔
道整復師の説明義務が履行されることで、初めてインフォームド・コン
セントが成立するという関係になります。

「健康寿命」をご存じですか？①

整骨院振興協同組合
代表理事　近藤昌之

　近年「人生100年時代」といわれますが、100年前の日本人の平
均寿命は40歳代でした。それが今では世界で1，2を争う長寿国に
なりました（令和3年の厚生労働省のデータでは、女性が87.14歳、
男性が80.98歳）。自死や事故等もありますので、亡くなられる年齢
は女性90歳、男性85歳ぐらいというのが現実の実態のようです。
できれば心穏やかに健康で天寿をまっとうしたいものです。
　「健康寿命」という言葉を知っていますか？　「健康寿命」とは、日
常生活が制限されることなく健康に生活できる期間のことです。内閣
府のデータによると、健康寿命と平均寿命との差が、女性で12.35年、
男性で8.84年あります（令和3年『高齢社会白書』）。この約10年
前後が、病気や介護を経験しながら人の手を借りて過ごす期間なので
す。

2-4 説明すべき事項・内容

Q 患者への説明はどの程度行う必要があるので
しょうか？

A 患者自身が、必要な情報を与えられ、施術の意
義やリスクを正しく理解した上で、施術を受け
るか否かの意思決定を行うことができる程度の
説明が必要です。

解説

　前述のとおり（**2-3** 参照）、施術の実施にあたり、患者が施術を受け
るか否かの意思決定を行うための必要な情報を十分に与えられた上で施
術に同意していることが必要、というのが「インフォームド・コンセン
ト」とよばれる考え方です。

　それでは、柔道整復師は、施術にあたり、どのような事項についてど
の程度の説明義務を負うのでしょうか。

　この点について、医師の当時の医療水準として未確立であった治療法
の実施にあたって医師の説明義務が問題となった平成 13 年 11 月 27
日最高裁判決では、裁判所は、「医師は、患者の疾患の治療のために手
術を実施するに当たっては、診療契約に基づき、特別の事情のない限
り、患者に対し、当該疾患の診断（病名と病状）、実施予定の手術の内
容、手術に付随する危険性、他に選択可能な治療方法があれば、その内
容と利害得失、予後などについて説明すべき義務があると解される」と

判示しています。

　また、厚生労働省の「診療情報の提供等に関する指針」では、医療従事者等の診療中の診療情報の提供について、「医療従事者は、原則として、診療中の患者に対して、次に掲げる事項等について丁寧に説明しなければならない」として、次の7つを列挙しています。

（1）現在の症状および診断病名

（2）予後

（3）処置および治療の方針

（4）処方する薬剤について、薬剤名、服用方法、効能および特に注意を要する副作用

（5）代替的治療法がある場合には、その内容および利害得失（患者が負担すべき費用が大きく異なる場合には、それぞれの場合の費用を含む）

（6）手術や侵襲的な検査を行う場合には、その概要（執刀者および助手の氏名を含む）、危険性、実施しない場合の危険性および合併症の有無

（7）治療目的以外に、臨床試験や研究などの他の目的も有する場合には、その旨および目的の内容

　いずれも柔道整復師に直接適用されるものではありませんが、医業類似行為を営む柔道整復師にも、当然参照されるべきです。これを柔道整復師の施術行為に引き直して整理すると、次のように整理できます。

　まず、施術をする前提として、①現在の患部の容態がどのようなものであるかを説明する必要があります。患者によって病状に関する知識、認識、理解力は様々であることから、当該患者の個性に即して、必要かつ十分な状況説明を行うべきです。

　次に、②は、症状の程度、採り得る施術方法の効果、治癒の可能性や治癒に要する期間の見込み、禁忌事項などついて説明を行うべきです。脱臼または骨折の場合の応急措置を施す場合には、その必要性、即時に医療機関にかからなかった場合に予想される経過等を説明することになります。

① 容　　態
→ 柔道整復師が行った観察、問診、触診等に基づき、患部の状態が
現在どのようなものであるのかについて説明すること
② 予　　後
→ 今後の病状についての見通しを示すこと
③ 施術の方針（リスク、代替的治療法含む）
→ 施術方法が複数あり得る場合：それぞれの利害得失を説明
柔道整復以外の適応があり得る場合：その情報についても提供
柔道整復の適応がない場合：自院では対応できない旨を率直に説
明し、医療機関その他の機関の紹介が可能であれば、紹介を行う
施術を実施する場合：有効な同意を得るため患者が自己決定でき
るよう施術の実施によるリスクを丁寧に説明

　その上で③施術の方針を示す必要があります。施術方法が複数あり得
る場合、それぞれの利害得失を説明し、患者が選択できるようにしま
す。柔道整復以外の適応があり得る場合（例えば、医師による治療）、
その情報についても提供し、患者の自己決定を促す必要があります。仮
に、柔道整復の適応がない場合（例えば、打撲、捻挫、脱臼および骨折
以外の病状の場合）、自院では対応できない旨を率直に説明し、医療機
関その他の機関の紹介が可能であれば、紹介するなどの対応が考えられ
ます。
　これらの説明においては、柔道整復師は、患者の立場に立って、患者
の病状、要望を踏まえた十分な説明を行い、患者が適切な治療法を選択
できるよう情報を提供する必要があります。柔道整復は患者の身体を良
くするためのものであり、徹頭徹尾、患者の身体の改善のために何が最
善かを考えるべきです。悪しき商業主義に走ることのないよう、ご注意
いただきたい点です。
　そして、施術を実施するのであれば、有効な同意を得てから行う必要
がありますので、施術を実施することによるリスクを丁寧に説明する必

要があります。施術によるリスクや代替的治療法の存在まで含めて、患者が自己決定できるだけの情報をもとに、患者自ら柔道整復師による施術を選択した、という状況になって初めて、柔道整復師は施術を行うことができます。

「健康寿命」をご存じですか？②

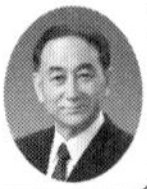

整骨院振興協同組合
代表理事　近藤昌之

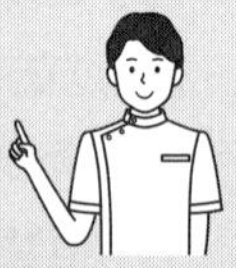

厚生労働省は、介護が必要となった主な原因を認知症・脳血管障害・高齢衰弱・骨折転倒・関節疾患の順だと発表しています。これらがサルコペニア（全身の筋肉低下）やフレイル（心身の虚弱）といわれる状態を引き起こします。

こうした状態にならないようにするためには、病気の予防はもちろんですが、食事・睡眠・正しい運動がとても重要といわれています。運動機能が低下すると骨や筋肉が弱くなるばかりでなく、栄養や酸素を送る血液が内臓や各組織に適切に届かなくなってしまい、多くの疾病や身体機能の低下を起こすのです。

介護が必要となった主な原因の構成割合

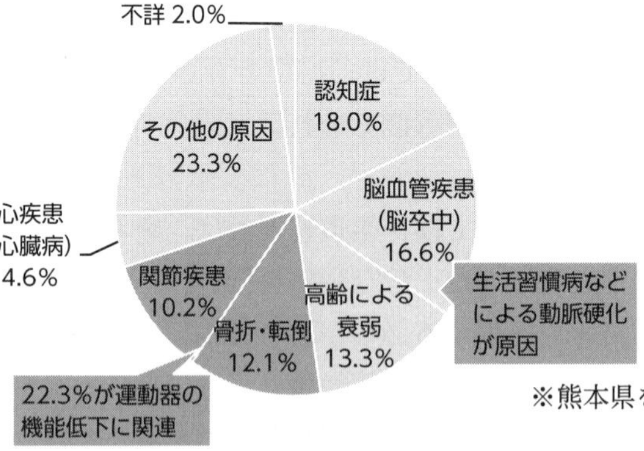

（出典）厚生労働省「国民生活基礎調査」（平成 28 年）を元に作成

2-5 施術の適応判断

Q 施術を実施するか否かは、どのように判断すればよいでしょうか？

A そもそも柔道整復の対象となるかを厳密に検討し、適応があると確実に判断（判断のしかたは51ページ図表2-3のフロー参照）できるもののみを対象とすべきです。適応があるか不明な場合、リスクを排除できない場合、より良い選択肢がある場合は、施術をすべきではありません。また、施術を実施したが経過が順調でないという場合、施術を中止して、医療機関等への受診を促すことが重要です。

解説

　柔道整復術は、前述（**1-1**）のとおり、打撲、捻挫、脱臼、骨折に対して、外科的手段や投薬を用いずに治癒に至らせることを目的とする技術です。医師による医療行為と異なり、外科手術および薬品の投与・指示によることができないという制限があります。また、診断の場面でも、X線撮影による検査をはじめとする画像診断機器を用いることができないという制約があります。

　他方、整骨院には様々な悩みや訴えを持つ患者が訪れます。患者の要求は「痛みをどうにかしたい」というものであって、患者自らそれが柔道整復師による柔道整復の適応があるかの厳密な判断はしていません。

その判断をすることは実際上困難です。

　したがって、整骨院には事前に何らかの選別をされるということなく、様々な状況の患者が訪れることになります。

　柔道整復師は、技術や経験の熟達により、患者の容態を一定程度推察することが可能となるでしょう。しかし、Ｘ線検査などの科学的手法の使用が許されていない柔道整復師が患者の容態のすべてをあまねく把握するのは困難、というのも厳然たる事実でしょう（**1-5** 参照）。

　そうだとすると、柔道整復師としては、患者の身体の安全を確保するため、柔道整復の適応があると確実に判断できるもののみを施術の対象とすべきで、不確定要素が少しでもある場合、施術の実施には抑制的であるべきです。言い換えると、施術実施の可否の判断は、柔道整復の適応があると判断できる合理的理由が客観的に存在する場合に限られると考えるべきです。

　そのような視点で検討した結果、患者の容態が柔道整復の適応外だと判断した場合はもちろんのこと、適応はあるが、合併症の存在など柔道整復師による診察だけでは排除できないリスクがあり得る場合や適応があるか否か即断できない場合などは、まず医療機関への受診を勧めることが求められます。

　なお、ここでいう「適応」とは、患者との間で締結する施術契約を適切に履行する上での判断です。つまり、柔道整復の対象となる打撲、捻挫、骨折、脱臼に対して、法で認められた範囲での柔道整復を施すことによって患者の状態が改善するか否かの判断です。あくまで、患者の身体に対して柔道整復が適しているかの大元の判断であって、健康保険などの医療保険の適用があるか否かの判断（後述 **3-8** 参照）ではありません。医療保険の適用があるか否かは、そもそも柔道整復の適応があるとの判断があって、その結果実施された施術について、その費用負担につき医療保険が利用できるか否かの問題なのであって、両者は次元を異にします。つまり、「医療保険の適用があるのだから、施術を実施してよい」という思考順序とはならないことに注意が必要です。

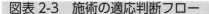

図表 2-3 施術の適応判断フロー

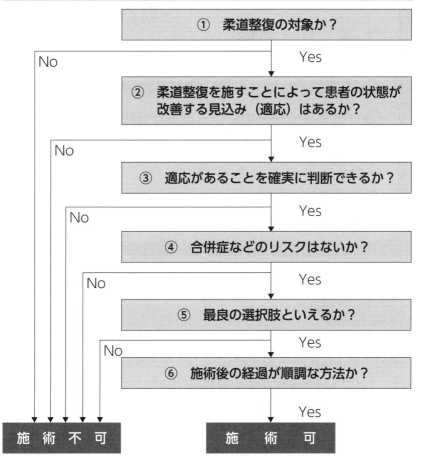

① 柔道整復の対象か？

No

Yes

② 柔道整復を施すことによって患者の状態が改善する見込み（適応）はあるか？

No

Yes

③ 適応があることを確実に判断できるか？

No

Yes

④ 合併症などのリスクはないか？

No

Yes

⑤ 最良の選択肢といえるか？

No

Yes

⑥ 施術後の経過が順調な方法か？

Yes

施 術 不 可

施 術 可

2-6 報告義務

Q 患者から施術中にいろいろと質問を受けるのですが、それには逐一回答しなければならないのでしょうか？

A 委任事務の範囲内に属する質問である限り、原則として対応しなければなりません。

解説

　柔道整復師は、施術契約の締結により、患者に対し柔道整復師法で認められている範囲内で適切な施術を行う義務が生じます（前述 **2-1** 参照）。これが柔道整復師の施術契約における中心的債務です。この中心的債務の履行のほか、柔道整復師は、患者に対し報告義務を負っているものと解されます。

　すなわち、柔道整復師は、患者の請求があるときは、いつでも委任事務処理の状況を報告しなければなりません（民法645条）。これは、患者の求めがあったときは施術の経過について報告しなければならないというもので、患者にとって、柔道整復師による施術が自らの自己決定に基づき適切になされるようコントロールするための手段としての意味を持ちます。

　また、施術中のみならず、委任が終了した場合には、遅滞なくその顛末を報告しなければなりません（民法645条）。これは、施術終了後、施術の経過・顛末全般について報告しなければならないというもので、

患者にとって、必要に応じて是正措置等を講じることができるようにするための意味を持ちます。

　どちらの報告を行うに際しても、柔道整復師の施術は、患者のインフォームド・コンセントの下で実行されるものという意識を持つことが肝要です（前述 **2-3** 参照）。そのため、患者からの質問に対して回答し、十分な情報提供を行い、患者の自己決定を促すことは、原則としてやり過ぎてやり過ぎになることはないと思います。

　医療機関などでは、人体模型やパソコンを使った病状説明がなされたり病状に関するパンフレット等の説明資料を渡したりするなどして、インフォームド・コンセントへの取組みが本格化しています。柔道整復においても、取り入れるべきものは取り入れ、説明の十分さ、わかりやすさと業務の効率性の双方を高める工夫をしていただきたいと思います。

2-7 施術録

Q 施術録は必ず作成する必要がありますか？

A 法令上作成を義務づける直接的な規定はありませんが、施術契約の性質上、作成することが強く推奨されるものと考えます。

解説

（1）施術録作成の必要性

① 施術契約上の報告義務を適切に履行するため

　一般的に、医師が診療の履歴を記した記録は診療録（カルテ）とよばれます。医師には、医師法により診療録の作成が義務づけられています（医師法24条）。他方、柔道整復師には、柔道整復師法上は診療録に準ずる記録の作成を義務づける規定は、直接的にはありません。

　もっとも、前述のとおり（**2-6**参照）、柔道整復師には施術契約上の報告義務があると解されます。そうだとすると、報告義務を適切に履行するためには、患者ごとに施術の経過を客観的に記録しておくことが必要不可欠です。多数の患者を同時並行的に扱う柔道整復業において、その経過のすべてを頭の中だけで正確に記憶しておくことは不可能だからです。

　また、医業類似行為として、患者の身体の安全を第一とする職務であ

る以上、判断過程の透明化のためにも、施術録の作成・保存が強く推奨されると言ってよいでしょう。同じ整骨院内で複数の柔道整復師が携わる可能性がある場合であれば、情報を共有するためにも、施術録作成の必要性はより一層高いといってよいでしょう。

②　クレーム発生時や調査対応時に自らの身を守るため

施術録は、柔道整復師の自らの身を守るためのものでもあります。つまり、施術録は、患者からクレームがあった場合や監督機関による調査等の対象となった場合に、過去の事実経過を客観的に立証するほぼ唯一の手段となります。

したがって、医師のように明文化されてはいないものの、医師と同様に患者に対する報告義務を負っている以上、施術録を作成し、これを保管しておくことが事実上強く推奨されていると考えるべきです。

なお、健康保険法上の療養費支給の受領委任払いを受ける協定または規程の適用下では、施術録の作成が義務づけられています（後述 **3-7**、**3-12** 参照）。すなわち、協定または規程では、受領委任に係る施術に関する施術録をその他の施術録と区別して整理し、施術を行った際には必要な事項を受領委任に係る施術に関する施術録に遅滞なく記載させることとし、これを施術が完結した日から 5 年間保存することが義務づけられています。この規定は、療養費の支給対象となる根拠となる事実をわかるように記載すべきとする趣旨が見て取れるのですが、仮に療養費の支給申請を行わない完全自費診療を行っている柔道整復師の場合も、施術契約を適切に遂行する上で施術録の作成が事実上強く求められている状況にある、という点をご理解いただきたいです。

(2) 記載方針

施術録は、一般的には、施術を行った患者の状態、実施した施術の内容、施術実施のもととなる検査の内容などについて、時系列順に記載し

ていきます。施術の究極の目的は、患者の身体・健康上の問題を解決するところにあるので、施術録は、患者の症状、検査結果、主訴などを分析評価し、問題解決のためどのような施術を行うのか、なぜ行うべきと判断したのか、その過程を明確にするものが望ましいです。

このような問題解決志向型の施術録記載方針は、POMR（Problem Oriented Medical Record）といい、次の4段階で構成されます。

---

① **基本情報（データベース）**
主訴、現病歴、現症、既往歴、生活歴、家族歴などの本状を記載する。

② **問題点（プロブレムリスト）**
病名が確定していれば病名を、確定していなければ、「胸痛」、「可動域制限」などの症状を記載する。

③ **初期計画（イニシャルプラン）**
問題点（プロブレムリスト）ごとの問題解決方法を記載する。計画には、病名を判断するための観察計画、病状を改善するための施術計画、患者に説明、指導するための教育計画に区分して記載する。

④ **経時記録（プログレスノート）**
それぞれの問題点について、どのような経過をたどったのか時系列で記載する。

---

(3) 記載方法—SOAP 方式

このような経過記録について、医師は、SOAP方式で記載していくのが一般的です。

SOAP方式とは、Subject、Object、Assessment、Planの頭文字をとったもので、「ソープ方式」とよばれます。

S：主観的データ（患者が直接提供する主観的情報）
O：客観的データ（身体観察、身体測定、検査結果などの客観的情報）
A：SとOをもとにそれを分析、統合、評価した意見、印象
P：SとOとAを基にした情報から、観察計画、施術計画、教育計画など問題解決のための計画

(4) 作成上の注意点

①　すぐに記載する

　施術録は、時系列に沿って、事実をありのままに記載していきます。ですから、施術の都度記載する必要があります。他の業務が忙しい時でも、できるだけ速やかに記載すべきです。

②　遺漏なく記載する

　「記載がない」事実は、なかったものとみなされる可能性が高いので、生じた出来事、行った事実は、遺漏なく正確に記載する必要があります。

③　誰が書いたのかを記載する

　複数の者が記載する可能性がある場合、記載者の氏名も書いておく必要があります。

④　事後的修正が不可能な方法で記載する

　記載の際は、ボールペンを用いるべきです。鉛筆やシャープペンシル

などの事後的修正が可能な筆記用具の使用は、改ざんの可能性があるのと無用な指摘を呼び込むおそれがあります。

⑤ 訂正箇所には二本線を引く

訂正する際は、文字の上から二本線を引き、もとの文字をあえて見える形にしておきます。また、訂正理由、訂正日時、訂正者の氏名を記載しておきます。

「健康寿命」をご存じですか？③

整骨院振興協同組合
代表理事　近藤昌之

接骨院や整骨院では健康寿命を延ばし、平均寿命と健康寿命との差を少なくすることに全力で取り組んできました。私たちの医学の基本である接骨学の原点は「整え医学」。すなわち、緩める・整える・鍛えるという考え方がとても有効に作用するからです。

運動したくても痛みがあれば積極的に運動することができません。接骨院・整骨院では運動を構成する骨・筋・皮膚に対して、固いところを緩めるという治療を行います。これで痛みの原因である神経の圧迫を取り除き、血液の流れを改善していきます（緩骨・緩筋・緩膚）。その結果、痛みが薄れてくるのです。

次に、緩めた骨や筋肉・皮膚に対して本来の正しい位置に整えていきます。実は、多くの人に日常生活の癖が原因で骨格のアンバランスや歪みを生じています。歪みは血管神経を圧迫し、痛みの原因となり運動の障害も起こしていきます。整えられた正しい姿勢の身体は、本来持っている機能を高め最高のパフォーマンスを実現します（整骨・整筋・整膚）。

正しい運動を行える正しい姿勢は、運動機能だけでなく、血液の流れも良くし心肺機能や消化器や循環器にも良い影響を与えてくれるのです。

2-8 守秘義務

Q 柔道整復師は、職務上知り得た患者の情報について、どのような義務が課せられていますか？

A 正当な理由なく、業務上知り得た人の秘密を漏らしてはならない守秘義務が課せられています。

解説

1 柔道整復師は守秘義務を負っている

　柔道整復師は、患者の身体に関する情報を取り扱います。負傷の部位、程度、原因、治療状況などについて、患者の中にはこれらを他人に知られたくないと考える人が多いでしょう。柔道整復師にとっては日々の業務で頻繁に目にする症状に過ぎないかもしれませんが、患者一人ひとりにとっては自身の身体に関することであり、置かれた状況や背景事情、情報に対する考え方は千差万別です。

　また、柔道整復師は、病状以外にも、住所、生年月日、家族構成、仕事内容、運動歴その他の様々な個人情報を入手することになります。健康保険を利用する場合には、さらに多くの個人情報に触れることになります。

　したがって、柔道整復師は、正当な理由がなく、その業務上知り得た人の秘密を漏らしてはならない守秘義務を負います（柔道整復師法 17

条 2）。これに違反すると、50 万円以下の罰金に処せられます（同法
29 条 2 号）。

「秘密」とは、未だ他人に知られていない事由の一切のことを言いま
す。施術に直接関わらない内容もこれに含まれます。例えば、施術中の
雑談で登場した話も含まれることになります。また、隠れた肉体的欠陥
のように患者本人が認識していないものも、それを他人に知られないこ
とが患者本人の利益である限り、これに含まれます。

2 どんな行為が業務上知り得た人の秘密の漏洩に当た るか

処罰の対象となるのは、「業務上知り得た人の秘密」の漏洩なので、
単に、隣人であることで知った事実とか飲食店で偶然見聞きした事実な
どは、これには含まれません。他方、柔道整復業を遂行する上で知った
秘密である限りこれに含まれますので、患者本人が秘密にしてもらいた
いと明示していようがいまいが、また、患者によって打ち明けられたも
のか、柔道整復師自らの調査で認識するに至ったものかを問わず、秘密
となり得ます。

また、問題となる漏洩行為は、口頭、書面、インターネットに載せる
など方法の如何を問わず、秘密を未だ知らない人に告知すれば漏洩とな
ります。他言を禁止したとしても、漏洩したことに変わりはありません。

秘密の開示が認められる「正当な理由」とは、行為の状況や必要性、
相当性などを考慮して判断されます。医師の場合、感染症予防法などの
法令上、患者を都道府県知事等に届け出る場合などが想定されますが、
このような規定がない柔道整復師については、「正当」となるのは極め
て限定的な場面と考えておいたほうがよいです。

この守秘義務は、柔道整復師でなくなった後も義務が免除されま
せん。柔道整復師を廃業した後も、終身の義務として守秘を徹底する必
要があります。

なお、守秘義務違反の罪は、秘密を漏洩することについて故意があっ

た場合に成立するものです。つまり、業務上知り得た人の秘密を、それが秘密だと認識していたにもかかわらず、それを漏らしても構わないと考えた場合に成立する犯罪行為です。他方、「漏らすつもり」という認識がなくても、情報の漏洩自体はそれ自体が患者に重大な損害を与えるおそれがあるので、情報の取扱いについては細心の注意が必要です（後述**第7章**参照）。

「健康寿命」をご存じですか？④

整骨院振興協同組合
代表理事　近藤昌之

　この正しい姿勢に対して、適度な運動は骨や筋肉、皮膚を強く丈夫にしてくれます。老化に負けないためには、自分の身体を鍛える運動が必要なのです（鍛骨・鍛筋・鍛膚）。
　強く活性化した骨は活性化した血を作り、筋肉は血液を身体の至るところに運びます。酸素と栄養が行き渡るのです。強い皮膚は水分や体温調節を適正にし、外からの有害刺激から守る働きを強化します。
　いつまでも自分の足で歩ける。寝たきりにならず車いすに乗らず、自分で自分の生活ができる。いつまでもお元気で自立していただきたい。そんな願いをもって私たちは毎日の診療を行っています。
　「健康寿命を延ばす」「日本を健康にする」。これからの願いを込めて、皆様とともに健康を作ってまいりましょう。人生100年時代は今日の運動から始まります。

健康寿命を延ばす方法とは？

緩める（緩骨・緩筋・緩膚）
（痛みを取る）

接骨院・整骨院が
その役割を担う

整える（整骨・整筋・整膚）
（正しい身体構造）

鍛える（鍛骨・鍛筋・鍛膚）
（運動能力の向上）

2-9 損害賠償責任

Q 施術に関して柔道整復師が損害賠償責任を負うのはどのような場合ですか？

....

A 柔道整復師として通常尽くすべき注意義務に違反があり、これによって患者に損害が発生したときは、その損害を賠償すべき義務を負います。

解説

　柔道整復師は、患者に対し、柔道整復師として通常尽くすべき注意を払いながら柔道整復師法で認められている範囲内で適切な施術を行う義務を負います（前述 **2-1**、**2-2** 参照）。この義務に違反して患者に損害を生じさせたときは、柔道整復師は、当該患者に対し、その損害を賠償する責任を負います（民法 415 条、709 条）。具体的な行為を類型化すると、以下のとおりです。

(1) 手技や物理療法の誤り

　典型的には、手技操作や物理療法のための機器の取扱いの誤りによって患者を負傷させたというものが挙げられます。

　柔道整復師が行う整復法は、非観血的な方法によるもので、麻酔を用いず、手技によって脱臼や骨折などにみられる転位を生理的な状態に復するよう試みるものです。

手技や物理療法の誤りによって患部の状態を悪化させたり、患部周辺の筋、神経、血管、皮膚などを損傷させたりした場合、柔道整復師の行為によって既発生の損害を拡大させたか、またはまったく新たな損害を発生させたことにほかならず、損害賠償責任を負う対象となります。

　このような事態を防ぐため、施術の際は、インフォームド・コンセントを徹底し、注意深く患者を観察し、患者の訴え・様子に気を配り、わずかにでも異常があった場合、直ちに中断する必要があります。

　また、物理療法を用いる場合は、電気療法による過電流、寒冷療法における過冷却、温熱療法による過熱などを防ぐため、機器の使用上の注意点を遵守し、日常的なメンテナンスを行い、実施時には可能な限り、継続的に患者の様子を観察して行う必要があります。

(2) 適応違反

　本来すべきでない施術を行った場合や柔道整復の必要がない施術を行った場合（**2-5**参照）、必要性や相当性を欠く施術と評価され、善管注意義務違反となり得ます。

　本来すべきでない施術の典型例は、脱臼および骨折の場合で、医師の同意なく応急措置以外の行為を行った場合です。柔道整復師は、脱臼および骨折に対して施術を行うためには原則として医師の同意が必要で、例外的に、応急の必要がある場合の応急措置をすることができるに過ぎないため、医師の同意なく応急措置以外の施術を行ったら、それだけで必要性のない違法行為を行ったという評価になります。また、仮に医師の同意があったとしても、そもそも柔道整復師が行うことができる整復法、固定法、後療法の適応がない症状（例えば、粉砕骨折、整復位の保持が困難な骨折等）の場合、それは柔道整復師の施術によるべきでないものに対して行った必要性を欠く行為として、適応違反となります。後療法における禁忌（高熱時、高血圧、重度の心疾患など）を犯して（見逃して）行う施術も、本来すべきでない施術の一例といえます。

　柔道整復の必要がない施術としては、例えば、打撲、捻挫、骨折、脱

臼のいずれも生じていないにもかかわらず、何らかの柔道整復を行う場合です。骨折において骨片転位がごく軽度のものや、乳幼児で自家矯正が期待できる場合など自然治癒が容易に期待できる場合も、それに対する施術の必要性があるのかを吟味する必要があります。最終的には、患者側と相談の上、インフォームド・コンセントを重視した対応をすべきです。

(3) 不 作 為

　症状を見落としたことで容態が悪化したなどの場合、行うべき施術を行わなかったという不作為も問題になり得ます。

　施術は、可能な限り早期に実施することで損傷組織の治癒過程が良好に進行する可能性が高いといわれています。転位を放置したことで周辺の筋腱や関節の機能が低下し、またはそれらに障害が生じたり、神経、血管、皮膚等への傷害、損傷、外貌醜状などの二次的な問題が発生したりした場合、不作為による損害発生が問題となり得ます。

(4) 医療機関受診指示義務違反

　柔道整復師に許された柔道整復とは、打撲、捻挫、脱臼、骨折に対して、外科手術、薬品の投与またはその指示をする等の方法によらないで、応急的もしくは医療補助的方法によりその回復を図ることを目的として行う施術です。そして、脱臼および骨折については、応急手当をする場合以外は、医師の同意がない限り施術をすることはできません（**1-3** 参照）。

　したがって、柔道整復師が患者を診察するにあたっては、問診、触診等の方法により、負傷の時期、原因、態様、医師による診断の有無、患部の状況、疾患の経緯などを詳細に検討し、その結果、脱臼または骨折があると判断した場合はもちろんのこと、脱臼または骨折があると断定できない場合でも、これを疑うべき相当の理由がある場合には、応急手

第2章　施　　術

当として患部を一応整復する措置を講ずるにとどめ、それ以降は医師の同意がない限り引き続き治療することができないものと考えられます。また、柔道整復師として許容された範囲の施術をもってしては回復が困難である場合や、病状が通常の過程をたどらず悪化する徴候がある場合には、施術を中止し、医療機関の受診を促し、医師による診療機会を失わせないようにすべき義務があると解されます。

　この点に関して、昭和47年4月3日長野地裁松本支部判決では、柔道整復師が左足首捻挫と判断して施術を行った後、凍傷に罹患していることが発覚し、結局、患者は左下腿下3分の1を切断するに至った事案で、柔道整復師は、治療の際には「患部付近が極度に冷めたかったうえその部分殊に爪先、踵、足趾の皮膚は凍傷により発赤し又は暗紫色を呈しつつあったのであるから、その付近の体温や感覚の有無などに注意を払い、凍傷の事実を発見し、直ちに医師にその治療をゆだねるなど適切な措置を講ずることが、債務の本旨に適った診療行為と解すべきところ、被告は右皮膚の変化を、捻挫が治癒する過程で生ずる溢血斑であってむしろ捻挫が快方に向っているものと速断し、右のような適切な措置をとらなかったことは、債務の履行が不完全であった」として、柔道整復師が損害賠償責任を負うと判断しています。

(5) 説明義務違反

　前述のとおり（**2-3**参照）、柔道整復師が施術を実施するにあたり、インフォームド・コンセントの考え方が重視されています。

　説明義務は、施術を適法とする前提として要求されるので、確立された施術方法が複数ある場合は、そのいずれを選択するかの自己決定を可能とする程度、方法で、その施術方法の具体的内容や利害得失等を説明することが求められます。施術をしないという選択肢がある場合、その選択もまさに患者の自己決定によって選択されるべきものなので、利害得失等を説明する必要があります。確立されているとは言い難い試行的または先駆的な施術を行う場合、それが試行的施術であること、症状に

適応すると考える理由、これまでの実施例・経験、従来の施術方法との比較による利害得失等をより丁寧に説明することが求められます。また、患者が18歳程度に達していれば患者本人への説明で足りると考えられますが、それ以下の年齢だったり、18歳に達していても理解力に不安があったりする場合などは、親権者にも説明すべきです。

　説明義務違反により、本来、適切な説明を受けていれば施術を受けなかったという関係が認められれば、柔道整復師は、施術から生じた損害について賠償すべき義務を負います。

　医師の例では、脳動静脈奇形摘出術の例で250万円（平成25年8月8日東京地裁判決）、脂肪吸引施術の例で200万円（平成24年9月20日東京地裁判決）の損害賠償が認められた事例があります。

　また、柔道整復師の施術は患者のインフォームド・コンセントに基づく行為であり（前述 **2-3** 参照）、その施術契約の内容は、通常、ただ機械的に整復動作を行えばよいというものではないはずです。つまり、施術における痛みを最小限に抑えた方法を選択、実行することへの配慮も求められていると解釈されます。

　したがって、仮にそのような配慮を欠いて漫然と施術を行った結果、患者の予想に反する激痛を生じさせた場合、それが身体に与えた悪影響等も考慮の上、精神的損害が損害賠償責任の対象となる可能性は否定できないということになります。誤解を恐れずに言えば、「思ったより痛かった。事前の説明でもこんなに痛くなるかもしれないとは聞いていなかった。最初から聞いていたら柔道整復師の施術など受けなかった。この精神的苦痛につき、賠償せよ」という訴えも、一見、「痛み」という主観的評価が問題になる不合理な請求のようにも思われますが、説明方法や施術の実施方法などによっては、柔道整復師に損害賠償責任があると判断されるおそれがあるということです。

第 3 章

療 養 費

3-1 療養費

Q 療養費とはどのようなものでしょうか?

A 患者である被保険者が、保険医療機関以外で手当等を受けた場合に、保険者がやむを得ないものと認めるときに支給される金銭のことです。

解説

(1) 現物給付

　日本では、医療機関の窓口で被保険者証を提示すると自己負担分のみの支払いで医療サービスを受けられます。これは、国民皆保険により、医療的サービスという現物給付を受けられるという枠組みです。

　すなわち、日本の医療保険制度は、すべての国民が公的な医療保険に加入し（国民皆保険）、業務災害以外の疾病、負傷、死亡または出産に対して保険給付を行うというものです（健康保険法1条）。保険給付の中心は「療養の給付」で、「療養の給付」とは、診察、薬剤等の支給、処置、手術その他の治療などの医療的サービスのことです（健康保険法52条、63条）。つまり、国民は、公的な医療保険に加入し、所得等に応じて保険料を拠出することで、業務災害以外で病気になったり、怪我をしたりしたときは、保険を使って必要な医療サービスを受けることができるのです。

　このように、日本の医療保険制度では、保険への加入により医療的

サービスが受けられるという現物給付の形態が採られています。

(2) 現金給付

　柔道整復師の施術を受ける際も、保険医療機関を受診するのと同様、窓口で保険証を提示すると、自己負担分のみの支払いで施術を受けられます。これは、患者の便宜を図るため、便宜的に認められるに至った措置です。

　つまり、日本の医療保険制度は、前述のとおり、現物給付方式が採られていますが、例外的に、保険者が、①療養の給付等を行うことが困難と認めるとき、または②被保険者が、保険医療機関等以外の病院、診療所、薬局その他の者から診療、薬剤の支給もしくは手当を受けた場合において、保険者がやむを得ないものと認めるときは、療養費を支給することができるとされています（健康保険法87条1項）。

　これは、療養の給付等を行おうとしてもそれが困難な場合があるため、補完的・特例的に、現金給付である療養費の支給を認めたものです。

　柔道整復師の施術については、負傷に際し直ちに診療または手当を受けなければならないため、保険医療機関に行って診療または手当を受ける時間的余裕のない場合など、通常の場合において保険医療機関を選定することが不能と認められるときは（昭和24年6月6日保文発第1017号）、「やむを得ないものと認めるとき」に該当するとして、「保険医療機関等以外」の「その他の者」による「診療」または「手当」であるとして、療養費の支給対象になります。

3-2 受領委任制度

Q 受領委任制度とはどのような制度でしょうか？

A 柔道整復師が保険者から療養費の支払いを受けられるようにするための仕組みで、本来であれば患者が受け取るべき療養費を、患者に代わって柔道整復師が受領するよう、患者が柔道整復師に対してその受領を委任するという制度です。

解説

(1) 償還払い方式

　療養費の支給を受けるには、本来であれば、被保険者は、施術者に対してその施術に要した費用の全額を直接支払い、その後、支払額を証明できる書類を添付した申請書を保険者に提出し、それを受けて、保険者が、①療養の給付等を行うことが困難と認める場合、または②被保険者が、保険医療機関等以外の病院、診療所、薬局その他の者から診療、薬剤の支給もしくは手当を受けた場合において、保険者がやむを得ないものと認める場合（健康保険法87条1項）に該当すると判断したときに、保険者から被保険者に対して療養費の支払いが行われるというものです。

　要するに、患者から見ると最初にいったん全額を支払って、後からその一部が返ってくるという後払いの構図になります（図表3-1）。

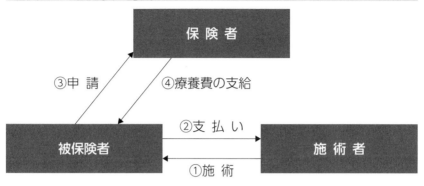

図表 3-1　償還払い方式

（2）受領委任制度

　しかしこの償還払い方式では、被保険者がいったん施術料の全額を支払わなければならない上に、償還払いを受けるためには資料等を整理して自ら保険者に提出しなければならず、不便で仕方がありません。保険者の側から見ても、慣れない被保険者による手続きを精査する負担は極めて大きいものと考えられます。

　そこで、柔道整復師が行う施術については、被保険者が施術者に対して療養費の受領を委任する「受領委任制度」が認められています。

　この「受領委任制度」は、被保険者はその施術に要した費用の一部を施術者に直接現金で支払い、残額はその受領を施術者に委任し、施術者が被保険者に代わって保険者に対して療養費の支給を請求し、これを受領するというものです。患者の立場から見ると、費用の一部を支払って残りは施術者に療養費の受領を委任することで、申請と受領を施術者が行うことになり、保険医療機関を受診するのと同様の方法で柔道整復師の施術を受けることができ、施術に係る費用を心配することなく迅速に手当を受けられるのです。

図表 3-2　受領委任制度

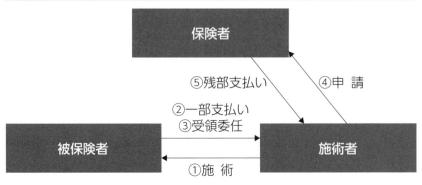

(3) 受領委任が認められている理由

　柔道整復師による施術について受領委任制度が認められているのは、ひとえに患者の便宜のためです。特に、かつて整形外科医が不足していた時代には、治療を受ける機会を広く確保する必要があり、医療代替的機能を果たす柔道整復について、医療保険の適用を認めることになったわけです。

　現代では、昔ほど整形外科医が不足しているわけではありません。それでも受領委任制度の存続が認められているのは、「患者の便宜のための制度」として適切な運用がなされ、柔道整復師が行う施術に医療保険の適用を認めることが社会にとって有用であるという価値判断があるからにほかなりません。そのような価値判断、社会からの信頼の基盤を揺るがすことのないよう、よく理解していただきたいところです（**3-17**参照）。

3-3 集団協定と個人契約

Q 受領委任制度を利用するためにはどのようなことが必要でしょうか？

A 公益社団法人日本柔道整復師会（**3-5** 参照）の下部団体である各都道府県柔道整復師会の会員になるか、または個人として契約を締結するかのどちらかが必要となります。

解説

(1) 方法は2つ

　柔道整復師が受領委任制度を利用するためには、集団協定と個人契約という、2つの方法があります（昭和63年7月14日保険発第89号）。

　集団協定と個人契約の最大の違いは、公益社団法人日本柔道整復師会（以下、「日整」といいます）の都道府県社団の会員（以下、「都道府県社団会員」といいます）となるか否かです。

　すなわち、都道府県社団会員となる柔道整復師は、集団協定により日整の各都道府県団体を介して受領委任の登録をすることで受領委任の取扱いが認められます。日整の都道府県社団を通じた集団協定によって受領委任の取扱いが可能になるため、療養費の支給申請も日整の都道府県社団を通して行うことになります。

> **(1) 集団協定**
>
> 　日整の下部団体である各都道府県柔道整復師会の会員となり、日整の各都道府県団体と保険者から受領委任にかかる委任を受けた地方厚生（支）局長および都道府県知事との間の協定に基づき、受領委任の取扱いの登録をする方法

> **(2) 個人契約**
>
> 　柔道整復師個人が、受領委任にかかる委任を受けた地方厚生（支）局長および都道府県知事との間で契約を締結し、これに基づき、受領委任の取扱いの承諾を受ける方法

　他方、都道府県社団会員とならない柔道整復師は、各人で個人契約を締結し、当該個人に対して受領委任の取扱いが承諾され、受領委任の取扱いが認められます。個人で契約することで受領委任の取扱いが可能になるため、療養費の支給申請は柔道整復師個人で行うことができます。

（2）制度利用をめぐる誤解

　「日整の都道府県社団会員でないと受領委任の取扱いができない」という見解を目にすることがありますが、まったくの誤解です。それは、かつてそうだったというだけで、現在では、都道府県社団会員でなくても、個人契約を締結することで受領委任を利用することができます。

　また、集団協定と個人契約の異質さを強調し、あたかも集団協定の方法が王道で個人契約は邪道（または集団協定に劣位するもの）というような見解を目にすることがありますが、これもまったく根拠がないものと言わざるを得ません。いずれも契約を枠組みにしており、法律上、優劣はありません。療養費の支給基準にも、当然、差異はありません。

　上記のような誤解は、受領委任の取扱いが認められるようになった当初は、柔道整復師の団体に加入していた柔道整復師のみに認められてい

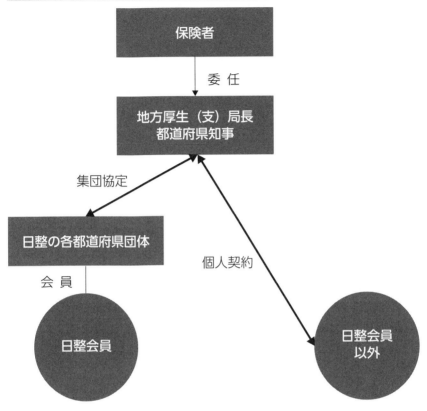

図表 3-3　柔道整復師が受領委任制度を利用する方法

保険者

委　任

地方厚生（支）局長
都道府県知事

集団協定

日整の各都道府県団体

会　員

個人契約

日整会員

日整会員
以外

たことに起因するものです。つまり、昭和11年以降、各都道府県にお
いて、順次、保険者と柔道整復師の団体との間で協定が締結され、受領
委任の取扱いが拡大していきましたが、当時は、団体に所属しているこ
とが利用の要件でした。しかし、団体に加入していない柔道整復師に
は、原則どおりの償還払いしか認められなかった状況下において、団体
に加入していない柔道整復師が、このような取扱いの差異は合理的理由
のない差別であるとして、受領委任を認めない社会保険事務所や国を被
告として、訴訟を提起しました。結局、訴訟係属中の昭和63年7月
14日、厚生省による通知が出され（昭和63年7月14日保険発第89

号）、団体に加入していない柔道整復師においても個人契約を締結することで受領委任が認められることになったのです。つまり、受領委任の取扱いを認めるのに、団体への所属を要件とする必要性はどこにもないことが確認され、政治的解決が図られたのです。

　このような歴史を経て、現在では、個人契約を利用している柔道整復師のほうが圧倒的に多くなっています。

第3章　療　養　費

3-4 復委任

Q 個人契約の場合、保険者への療養費の請求は、必ず柔道整復師自らが行わなければならないのでしょうか？

A 自ら請求することも可能ですし、任意団体等に復委任することもできます。

解説

　個人契約を締結した柔道整復師は、自ら保険者に対して療養費の支払請求をすることができます。もっとも、この請求を必ず当該柔道整復師自らが行わなければならないとすると、その請求業務や入金管理業務にかなりの時間と手間を取られることになります。

　そこで、療養費の支給申請などの事務的作業について、それらを代行する第三者に委任することで、その不便を解消することができます。

　この関係性は、被保険者から受けた療養費の受領委任について、これをさらに請求業務の代行を行う第三者に復委任するというものになります。委任を受けた事項をさらに委任することから、「復委任」とよばれています（民法644条の2）。

　この復委任は、条文上は、①委任者の許諾を得たとき、または②やむを得ない事由があるときでなければできないと規定されていますが、療養費の保険者に対する支払請求とその受領という事実行為の性質からすると、受任者である柔道整復師個人が必ず自ら行わなければならないと

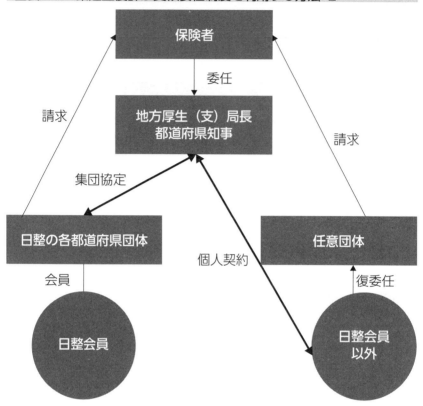

図表 3-4　柔道整復師が受領委任制度を利用する方法 -2

保険者

委任

地方厚生（支）局長
都道府県知事

請求

請求

集団協定

個人契約

日整の各都道府県団体

任意団体

会員

復委任

日整会員

日整会員
以外

いう必要性が認められないため、被保険者から復委任を禁止する旨の意思が明示されているなどの特段の事情がない限り、復委任の許諾があるものと解するのが自然であり、社会的にも相当です。

　とはいえ、復委任に関する患者の許諾を形の上でも明らかにしておくことが望ましいことに変わりはなく、「柔道整復施術療養費に係る疑義解釈資料の送付について（その2）」（令和4年5月27日厚生労働省医療課事務連絡）などでは、柔道整復施術療養費支給申請書の「施術証明書」欄に、「療養費の受領を○○○会○○○会長（○○市○○番○○号）に委任します」と記載する例が示されています（図表3-5参照）。

図表 3-5 「施術証明書」欄の記載方法

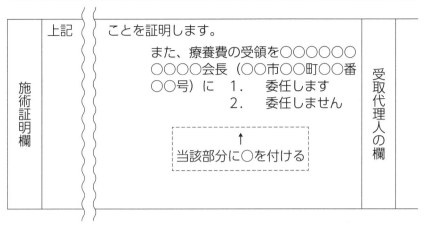

（出典）令和4年5月27日厚生労働省医療課事務連絡

　以上より、結局のところ、柔道整復師として療養費の支払いを受けるには、次の3通りの方法が存在することになります。

①　日整に加入し、日整を通して支給申請を行う
②　日整以外の任意団体に加入し、当該団体を通して支給申請を行う
③　どこの団体にも加入せず、自ら支給申請を行う

3-5 公益社団法人 日本柔道整復師会

Q 公益社団法人日本柔道整復師会とは何ですか？

A 柔道整復師の業界団体で、公益認定を受けた一般社団法人です。

解説

　日整は、会の目的および事業に賛同した都道府県団体の会員たる者を会員として構成され、都道府県団体との連携のもと、柔道整復術の進歩発展とその医学的研究、柔道整復師の資質向上、国際相互理解の促進、保険制度達成への協力、また柔道を通じた国民の心身の健全な発達を図り、もって国民の医療・保健・福祉の増進に寄与することを目的として活動する団体です（同会定款3条）。会員数は、令和4年3月31日時点で、同会のホームページ（https://www.shadan-nissei.or.jp/）によると、14,616名とのことです。

　同会は、昭和28年11月、社団法人全日本柔道整復師会として発足し、昭和48年3月に社団法人日本柔道整復師会へと名称変更をし、平成23年9月1日に公益認定を受けました。公益社団法人というのは、公益目的事業を行う一般社団法人が行政庁から公益認定を受けたものです。

　主な事業内容は、①柔道整復術の医学的研究に関する事業、②柔道整復師の資質向上に関する事業、③柔道整復師の養成および指導に関する事業、④医療・介護保険制度達成に協力する事業、⑤国民の心身の健全

な発達に関する事業、⑥国際協力および貢献に関する事業、⑦国民の健康・保健・福祉のために普及啓発活動に関する事業、⑧会員の福祉増進ならびに相互扶助に関する事業、⑨都道府県団体相互の連絡調整に関する事業などです（同会定款4条1項）。

　日整には、各都道府県に傘下の公益社団法人が存在しています。例えば、東京都なら公益社団法人東京都柔道整復師会（以下、「東京都柔道整復師会」といいます）があります。柔道整復師が東京都で開業し、日整に所属しようとした場合、この東京都柔道整復師会の会員となり、東京都柔道整復師会は日整の会員であるということになります。

3-6 一般社団法人 全国柔道整復師連合会

Q 一般社団法人全国柔道整復師連合会とは何ですか？

A 柔道整復師の業界団体で、日整会員以外の柔道整復師の統合団体です。

解説

　一般社団法人全国柔道整復師連合会（以下、「全整連」といいます）は、柔道整復師業界の振興と発展を図るとともに、国民医療である柔道整復に係る制度の見直しと法律改正、学術の研鑽、業務改善と地位の向上を図ることを目的として活動する団体です。柔道整復師免許を与えられた個人で構成された団体または法人から成る正会員または準会員、会の事業を賛助する法人または個人である賛助会員、柔道整復師免許を与えられた個人から成る個人会員で構成されています。会員数は、令和4年3月31日現在、5,684施術所とのことです。

　同会は、平成23年12月18日に設立されました。

　主な事業内容は、①柔道整復師に関する法律改正のための調査研究および関係機関への働きかけ、②柔道整復師に関する技術の向上および業務改善の知識の普及を図るための教育と情報の提供、③柔道整復師に関する業務の啓蒙活動、④会員の福祉増進ならびに相互扶助に関する収益事業などです。

　シンプルな説明としては、要するに、日整会員以外の柔道整復師の業

界団体という位置づけとなります。つまり、柔道整復師が東京都で開業し、日整には加入しないという選択をした場合で、とは言え受領委任における療養費支給申請を自分で行うのではなく、第三者に依頼（復委任）したいと考えたとき、当該業務を行っている任意団体と契約することになります。このような任意団体は、一般社団法人、一般財団法人、株式会社、法人格なき社団など様々な形態で存在しており、それらを統合する上部団体が全整連となります。柔道整復療養費について、中・長期的な視点に立った療養費の在り方について検討を行う、厚生労働省の「社会保障審議会医療保険部会柔道整復療養費検討専門委員会」における施術者代表専門委員5名のうち、個人契約施術者を代表する2名を輩出しており、個人契約者の現場の声を制度改正等に集約、媒介させる機能を担っています。

　全整連は、令和2年4月、日本契約柔整師連盟との間で「全国柔道整復師統合協議会」を発足させ、すべての柔道整復師の意思決定機関として、柔道整復師が抱える諸問題を解決するため、行政や他組織との効率的な連携および意見集約を図り、柔道整復師の社会的地位の向上と健全な発展に寄与する活動を行っています。全国柔道整復師統合協議会に加盟している施術所は、令和4年3月31日時点で、1万5,251施術所です。

3-7 集団協定または個人契約による権利義務関係

Q 集団協定または個人契約の締結により、どのような義務が生じるのでしょうか？

A 集団協定または個人契約に記載された各事項を遵守する義務が生じます。

解説

　集団協定または個人契約は、当事者間の契約にほかならず、意思の合致により、集団協定または個人契約所定の権利・義務が生じます。集団協定と個人契約とは、内容的に大きな違いはありません。以下では、契約者数が多い個人契約をベースに解説します。

　中心的法律関係は、受領委任の取扱いを希望する柔道整復師が、当該「受領委任の取扱規程」（以下、「規程」といいます）に規定された事項を遵守することを確約し、それにより、所定の欠格事由に該当する場合を除いて、受領委任の承諾（登録）が行われるというものです。

　すなわち、受領委任の取扱いを希望する施術管理者である柔道整復師は、所定の様式により、規程に定める事項を遵守することを、施術所の所在地の厚生（支）局長と都道府県知事に確約します（規程8条）。また、この確約を行った柔道整復師は、所定の様式により、施術所に勤務する他の柔道整復師から、規程に定める事項を遵守し、規程の適用を受けることについて同意を受け、受領委任の取扱いを受ける旨を申し出ます（規程9条）。そして、厚生（支）局長と都道府県知事は、一定の欠

格事由に該当する場合を除き、受領委任の取扱いを承諾します（規程11条）。これにより、承諾を得た柔道整復師は受領委任の取扱いが認められることになります。また、勤務する柔道整復師の施術に係る療養費の支払請求は、施術管理者が行うことになります（規程12条）。

　規程は、受領委任の取扱いを受けるための大前提となる契約です。受領委任の取扱いを受けるために、主として以下のとおり定められています。

(1) 施術所および施術管理者

　受領委任の取扱いは、承諾された施術所においてのみ認められます（規程13条）。

　また、施術所の開設者を受領委任に係る施術管理者として1人置くことが義務づけられます（規程4条1項）。この施術管理者は、実際に当該施術所において施術を行う柔道整復師である必要があります。施術所の開設者は必ずしも柔道整復師である必要はないのですが、開設者が柔道整復師でない場合や柔道整復師であるが当該施術所で施術を行わない場合は、当該施術所に勤務する柔道整復師の中から開設者が選任した者を施術管理者とする必要があります（規程4条2項）。そして、施術管理者となるための要件は、一定年数以上柔道整復師として実務に従事した経験を有する者で、しかも、所定の研修を受け、その課程を修了した者でなければなりません（規程5条）。

(2) 氏名の掲示

　施術管理者は、施術所内の見やすい場所に施術管理者および勤務する柔道整復師の氏名を掲示しなければなりません（規程17条）。

(3) 広告等の制限

　健康保険事業の健全な運営を損なうおそれのある経済上の利益の提供
または違法な広告により、患者が自己の施術所において施術を受けるよ
うに誘引してはならないとされています（規程16条3項）。「経済上の
利益」というのは、例えば、温泉旅行のプレゼントや、商品の配布等が
これに当たります。

　さらに、施術所が、集合住宅・施設の事業者等に対して金品（いわゆ
る紹介料）を提供し、患者の提供を受け、その結果なされた施術につい
ては、療養費の対象外となります（規程16条4項）。

　これらの規制は、療養費の支給はあくまで医療保険制度の現物給付主
義の例外であり、①療養の給付等を行うことが困難と認めるとき、また
は②被保険者が、保険医療機関等以外の病院、診療所、薬局その他の者
から診療、薬剤の支給もしくは手当を受けた場合において、保険者がや
むを得ないものと認めるときに療養費を支給することができるとされて
いることから（健康保険法87条1項）、過度な営利的広告による施術
の呼込みには適さないという趣旨であると考えられます。

　後述のとおり（**8-1** 参照）、柔道整復師は、柔道整復師法による広告
規制が課せられていますが（柔道整復師法24条）、療養費について受
領委任の取扱いを受ける柔道整復師は、さらに規程上の広告規制も遵守
しなければならないという構成になります。

(4) 施術の方針

　療養費の受領委任の適用を受けるには、施術の担当方針についても規
定があります。

　すなわち、柔道整復師は、関係法令および通達を遵守し、懇切丁寧に
施術を行わなければならず、施術は、患者の療養上妥当適切なものとし
なければならないという義務を負います（規程16条1項、2項）。

　また、施術の必要があると認められる負傷に対して、的確な判断のも

とに患者の健康の保持増進上妥当適切に施術を行う必要があります（規程25条本文）。より具体的には、以下の方針によることとされています。

①　施術にあたっては、懇切丁寧を旨とし、患者の治療上必要な事項は理解しやすいように指導すること。また、療養費の支給対象等、療養費を請求する上での注意事項について説明をすること

②　施術は療養上必要な範囲および限度で行うものとし、とりわけ、長期または濃厚な施術とならないよう努めること

③　現に医師が診療中の骨折または脱臼については、当該医師の同意が得られている場合のほかは、施術を行わないこと。ただし、応急手当をする場合はこの限りでないこと。この場合、同意を求めることとしている医師は、原則として当該負傷について診療を担当している医師とするが、当該医師の同意を求めることができないやむを得ない事由がある場合には、この限りではないこと

④　柔道整復師法等関係法令に照らして医師の診療を受けさせることが適当であると判断される場合は、医師の診療を受けさせること

説明義務の履行、必要かつ相当な施術の実施、骨折または脱臼の場合の対応、医師の診療を受けさせる義務など、いずれも受領委任の取扱いに限らず通常の施術においても要求されると解される柔道整復師としての行動規範（**第1章**、**第2章**参照）が、改めて規定されています。

(5) 受給資格の確認

施術管理者は、被保険者証（健康保険被保険者受給資格者票、健康保険被保険者特別療養費受給票、船員保険被扶養者証を含みます）によって、療養費を受領する資格があることを確認する必要があります（規程18条）。資格がない者に施術を行っても、その費用を保険者等に対して療養費として請求することは、当然できません。

(6) 療養費の算定

　療養費の算定は、厚生労働省保険局長が定める「柔道整復師の施術に係る療養費の算定基準」（以下、「算定基準」といいます）によって算定することが義務づけられます（規程19条1項）。算定基準の内容の詳細は、後述のとおり（**3-8**参照）です。

　算定基準により算定した額を保険者等に請求するとともに、患者から、健康保険法等に定める一部負担金に相当する金額の支払いを受けることになります。患者から支払いを受ける一部負担金については、減免または超過して徴収することはできません（規程19条2項）。また、請求にあたって、他の療法に係る費用を請求することはできません（規程19条4項）。これらは、療養費の適正な支給を徹底する趣旨と考えられます。

　そして、一部負担金の支払いを受けるときは領収証の交付義務があり、正当な理由がない限り無償で交付しなければなりません（規程20条1項）。

　また、令和4年10月1日以降は、明細書発行機能が付与されているレセプトコンピュータを使用している施術所であって、常勤職員（柔道整復師に限らず、事務職員等も含む）が3人以上である施術所においては、施術管理者は、患者から一部負担金の支払いを受けるときは、正当な理由がない限り、当該一部負担金の計算の基礎となった項目ごとに記載した明細書を無償で交付しなければなりません（規程20条2項前段）。これに該当しない施術所においては、施術管理者は、患者から求められたときは、正当な理由がない限り、当該一部負担金の計算の基礎となった項目ごとに記載した明細書を交付しなければなりません（規程20条2項後段）。

　要するに、領収証については、施術所の規模の大小にかかわらず、常に無償での発行義務があります。明細書については、3人以上の常勤職員がいる施術所では常に、それ未満の施術所では患者の請求があったときに、それぞれ無償での発行義務があるということです。いずれも「正

当な理由」があれば発行しないことも可能ですが、対価を支払ったことの領収の証や内容の明細に関するものなので、それが認められる範囲は決して広くないでしょう。

(7) 療養費の請求

療養費の請求にあたっては、所定の柔道整復施術療養費支給申請書（以下、「療養費支給申請書」といいます）を作成し、速やかな請求に努めることとされています（規程 26 条）。療養費支給申請書の記載事項については、後述のとおり（**3-11** 参照）です。

施術管理者は、療養費支給申請書を保険者等ごとに取りまとめ、所定の総括票に記入の上、原則として毎月 10 日までに保険者等に送付する必要があります（規程 27 条本文）。

(8) 施術録の作成・保管

受領委任に係る施術に関する施術録をその他の施術録と区別して整理し、必要な事項を遅滞なく記載し、施術が完結した日から 5 年間保存する義務があります（規程 22 条）。施術が完結した日というのは、患者に対する施術が終了した時と考えられ、継続的に施術を受けている者については、最後の施術日となります。しかし、最後の施術日から 5 年を経過しても、その後に施術録の調査、開示等が必要な場合もあるので、電磁的方法を利用するなどして永久的に保存しておくことが望ましいといえます。

前述のとおり（**2-7** 参照）、柔道整復師は、施術を行うにあたり、対患者との間の施術契約の適切な遂行上、施術録を作成すべきことになりますが、それとはまた別に、受領委任の取扱いに係る個人契約を締結することで、その規程上、「受領委任に係る施術に関する施術録」を別途作成し、これを保管する義務を負うことになります。

受領委任に係る施術に関する施術録の記載内容については、**3-12** を

参照してください。

(9) 回答義務

　施術管理者は、療養費支給申請書の記載内容等について、保険者等から照会を受けた場合は、的確に回答する義務があります（規程36条）。

(10) 指導・監査

　開設者、施術管理者および勤務する柔道整復師は、厚生（支）局長と都道府県知事が必要があると認めて施術に関して指導または監査を行い、帳簿および書類を検査し、説明を求め、または報告を徴する場合は、これに応じる義務があります（規程41条）。

(11) 受領委任の取扱い中止

　規程に定める事項を遵守しなかったとき、療養費の支給内容に不正または著しい不当の事実があったとき、その他受領委任の取扱いを認めることが不適当と認められるときは、受領委任の取扱いを中止されることになります（規程15条）。

3-8 療養費の算定基準

Q 療養費はどのように算定すればよいですか？

A 「柔道整復師の施術に係る療養費の算定基準」に従って算定する必要があります。

解説

　前述のとおり（**3-7**参照）、療養費の算定は、集団協定または個人契約上、厚生労働省保険局長が定める「柔道整復師の施術に係る療養費の算定基準」（以下、「算定基準」といいます）によって算定することが義務づけられます（規程19条1項）。また、算定基準とあわせて留意事項が発せられており、これも規程における関係法令（規程16条）の一つと位置付けられています。施術管理者および勤務する柔道整復師は、これを遵守する義務があります。

　この算定基準および留意事項の全体像を整理すると、次ページのとおりとなります。

受領委任を取り扱う柔道整復師は関係法令および通達を遵守しなければならない（規程16条）

⬇

療養費は「算定基準」に基づき算定する（規程19条）

⬇

「算定基準」の関係法令および通達として「留意事項」がある

⬇

「算定基準」に基づく算定を行う際、「留意事項」を遵守しなければならない

（1）支給対象

　まず、療養費の支給対象となるのは、外傷性が明らかな骨折、脱臼、打撲および捻挫に限られます（留意事項第1の5）。内科的原因による疾患、単なる肩こり、筋肉疲労に対する施術は支給対象外です（留意事項第1の6）。柔道整復の治療が完了した後の単なるあん摩（指圧およびマッサージを含みます）のみの治療を必要とする患者に対する施術も支給対象外です（留意事項第1の7）。

　また、外傷性が明らかな骨折、脱臼であっても、応急手当をする場合を除き医師の同意が必要になりますので、医師の同意がない場合は支給対象外となります（留意事項第1の2、4）。

　さらに、外傷性が明らかな骨折、脱臼、打撲、捻挫であっても、保険医療機関に入院中の患者の後療を医師から依頼された場合の施術は、当該保険医療機関に往療した場合も患者が施術所に出向いてきた場合も、いずれにせよ支給対象外です（留意事項第1の9）。これは、保険医療機関に入院している場合の処置は当該保険医療機関で行われるのが通常であることから、処置が重複する可能性のある部分を不支給とすることで、療養費の適正支出を確保する趣旨だと考えられます。

　以上を図示したものが**図表3-6**で、網のせした部分が療養費の支給

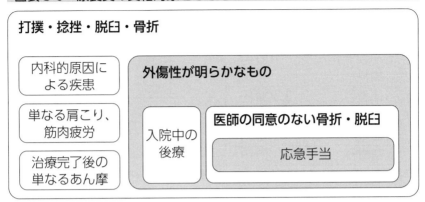

対象となる部分を表しています。柔道整復師が、法律上できるとされているものの範囲（前述 **1-3** 参照）と同一ではないことがおわかりいただけると思います。

(2) 支給項目

　支給項目を分類すると、まず、施術内容の如何に関わらないものとして、①初検料、②初検時相談支援料、③往療料、④再検料、⑤冷罨法料、⑥温罨法料、⑦電療料があります。次に、施術内容に関わるものとして、骨折の場合の⑧整復料、不全骨折の場合の⑨固定料、脱臼の場合の⑩整復料、打撲および捻挫の場合の⑪施療料があります。また、それぞれ 2 回目以降の施術に係る⑫後療料があります。

　支給項目の全体像は図表 3-7 のとおりです。

図表 3-7 療養費の支給項目全体像

		1回目		2回目		3回目以降
共通	初検料 ※1	1,520円		再検料	410円	
	初検時相談支援料	100円				
	往療料 ※2	2,300円		—————————————————→		
	冷罨法料	85円		————————————————→		※3
	温罨法料	75円		————————————————→		※3
	電療料	30円		————————————————→		
骨折	整復料	部位による		後療料	850円	※3 →
	金属副子等の加算	1,000円		—————————→		
	柔道整復運動後療料	320円		————————————————→		
	情報提供料	1,000円				
不完全骨折	固定料	部位による		後療料	720円	※3 →
	金属副子等の加算	1,000円				
	柔道整復運動後療料	320円				
	情報提供料	1,000円				
脱臼	整復料	部位による		後療料	720円	※3 →
	金属副子等の加算	1,000円				
	柔道整復運動後療料	320円				
	情報提供料	1,000円				
打撲	施療料	760円		後療料	505円	※3 →
捻挫	施療料	760円		後療料	505円	※3 →

※1 時間外、夜間、休日加算あり
※2 距離、夜間、難路、暴風雨時、暴風雪時加算あり
※3 3部位以上、5カ月超は逓減あり

① 初 検 料

（ア）意　義

　初検料は、施術所において初めて実施する検査に対して 1,520 円支給されるものです。医療機関を初めて受診した場合の「初診料」に該当するものです。

（イ）時間外等加算

　施術所が表示する施術時間以外の時間（休日を除く）または休日において初検を行った場合は、それぞれ所定金額に 540 円または 1,560 円を加算できます。午後 10 時から午前 6 時までの間の加算金額は 3,120 円です（算定基準「初検、往療及び再検」注 1）。

（ウ）負傷なしの場合

　患者が異和を訴え施術を求めた場合で、初検の結果、何ら負傷と認められる徴候がないときには、初検料のみ算定可能となります（留意事項第 2 の 6）。

（エ）治癒後の負傷

　また、患者の負傷が治癒した後、同一月内に新たに発生した負傷に対して施術を行ったときには、この場合も初検料は算定可能です（留意事項第 2 の 1）。同一月内ではありますが、治癒後の別負傷なので、新たな検査の必要性、相当性が認められるからです。

（オ）任意中止後の再来

　患者が自分の意思で施術を中止し、1 カ月以上経過した後再び同一の

施術所において施術を受けた場合には、その施術が同一負傷に対するものであっても、初検として算定可能となります（留意事項第2の4）。これは、患者による任意中止があり1カ月以上経過した後の再来においては、改めて患部の状態を検査しなければならず、初回の検査と同等の労力を要すると認められるからです。

（カ）自費からの切替え

　他方、同一の患者について自費施術途中に受領委任の取扱いができることとなった場合は、同一の負傷に関するものである限り、その切替時の施術について初検料は算定できません（留意事項第2の5）。これは、自費施術時に既に初検は済ませており、それは自費負担によって支払済みのものと考えられるからです。

（キ）複数の負傷

　同一の施術所において同一の患者に2つ以上の負傷があり、これらに同時に初検を行った場合でも、初検料が算定できるのは1回のみです。この場合に、仮に施術者が複数であっても同様に、初検料が算定できるのは1回のみです（留意事項第2の3）。
　これは、2つ以上の負傷があった場合、それぞれについて初検を実施する以上、それぞれ別に初検料が認められてしかるべきとも考えられるのですが、検査実施の手間が負傷箇所の数に応じて比例的に増加するとは必ずしも限らないという側面があるとも考えられるため、1回のみを算定可能としたのではないかと考えられます。

（ク）継続中の負傷

　また、現に施術継続中に他の負傷が発生して初検を行った場合は、それらの負傷に係る初検料は合わせて1回として、1回目の初検の時に算

定することとされています（留意事項第2の2）。

　これは、新たな負傷である以上、当該負傷については当初の負傷とは別に初検料が認められてしかるべきとも考えられるのですが、現に施術継続中であることに鑑み、別途、初検料を支給することはしないとされているものと考えられます。上記（**キ**）の場合と同様に、現に施術継続中であることに鑑み、検査実施の手間が増加するとは必ずしも限らないという考えの下、政策的に支給項目から除外されたのではないかと考えられます。

② 初検時相談支援料
（ア）意　　義

　初検時相談支援料とは、患者に日常生活等で留意すべき事項を指導することに対して 100 円支給されるものです。

（イ）支給要件

　初検時相談支援料の支給要件は、初検時において、患者に対し、施術に伴う日常生活等で留意すべき事項等をきめ細やかに説明し、その旨を施術録に記載することです（留意事項第1の9）。きめ細やかに説明することと、それを施術録に記載することが要求されている点に注意が必要です。

（ウ）指導内容

　きめ細やかに説明すべき指導内容は、以下のとおりです。
① 　日常生活動作上での励行事項や禁止事項（入浴、歩行、就労制限等）
② 　患部の状態や選択される施術方法などの詳細な説明
③ 　受領委任の取扱いについての説明（対象となる負傷、負傷名と施術部位、領収証および明細書の交付義務、申請書への署名の趣旨等）

④　その他柔道整復師が必要と認め、懇切丁寧に行う相談支援

　③については、令和4年10月1日より、明細書の交付義務についての説明が必要となる点に注意が必要です（**3-7（6）**参照）。

　また、③の説明は、**図表3-8**（平成24年3月12日保医発0312第1号の別添3-1）を活用するとよいでしょう。

③　往　療　料
（ア）意　　義

　往療料は、施術が必要な患者が歩行困難であるなどの事情があって、真に安静を必要とするやむを得ない理由により、患者の求めに応じて患者の家に赴き施術を行ったことに対して支給されるものです。

（イ）支給要件

　往療料は、下肢の骨折または不全骨折、股関節脱臼、腰部捻挫等による歩行困難の事態にあるなど、真に安静を必要とするやむを得ない理由があり、かつ患者の求めがある場合である必要があります（留意事項第3の2）。

　したがって、単に患者の希望に基づき患家に赴いて施術を行ったという場合や、定期的・計画的に患家を訪れて施術を行ったというだけでは、いずれもやむを得ない理由を欠き、不支給となります。

（ウ）算定方法

　往療距離が片道3km未満の場合に2,300円を、往療距離が片道4kmを超えた場合に2,550円を加算します。当該距離の算定は、施術所の所在地と患家の直線距離によって算定します（留意事項第3の3）。

　2戸以上の患家に対して引き続き往療を行った場合、往療順位第2位以下の患家に対する往療距離の計算は、それぞれ先順位の患家の所在地

別添３－１

柔道整復師の施術を受けられる方へ

対象となる負傷

◆ 医師や柔道整復師の診断又は判断により、急性又は亜急性の外傷性の骨折、脱臼、打撲及び捻挫で、内科的原因による疾患ではないもの

健康保険等を使えるのはどんなとき

◆ 医師や柔道整復師に、骨折、脱臼、打撲及び捻挫等（いわゆる肉ばなれを含む。）と診断又は判断され、施術を受けたとき。（骨折及び脱臼については、応急手当をする場合を除き、あらかじめ医師の同意を得ることが必要です。）
◆ 骨・筋肉・関節のケガや痛みで、その負傷原因がはっきりしているとき。

　●主な負傷例
　・日常生活やスポーツ中に転んで膝を打ったり、足首を捻ったりして急に痛みがでたとき

　※医師や柔道整復師の診断又は判断等により健康保険等の対象にならないものの例
　・単なる（疲労性・慢性的な要因からくる）肩こりや筋肉疲労。
　・脳疾患後遺症などの慢性病や症状の改善のみられない長期の施術。
　・保険医療機関（病院、診療所など）で同じ負傷等の治療中のもの。
　・労災保険が適用となる仕事中や通勤途上での負傷。

治療をうけるときの注意

◆ 健康保険は治療を目的としたものであり、上記※のように健康保険等の対象にならない場合もありますので、負傷の原因は正確にきちんと伝えましょう。
◆ 療養費は、本来患者が費用の全額を支払った後、自ら保険者へ請求を行い支給を受ける「償還払い」が原則ですが、柔道整復については、例外的な取扱いとして、患者が自己負担分を柔道整復師に支払い、柔道整復師が患者に代わって残りの費用を保険者に請求する「受領委任」という方法が認められています。このため、多くの接骨院等の窓口では、病院・診療所にかかったときと同じように自己負担分のみ支払うことにより、施術を受けることができます。
◆ 「受領委任」の場合は柔道整復師が患者の方に代わって保険請求を行うため、施術を受けたときには、柔道整復施術療養費支給申請書の受取代理人欄（住所、氏名、委任年月日）に原則患者の自筆による記入が必要となります。
◆ 施術が長期にわたる場合は、内科的要因も考えられますので、医師の診察を受けましょう。
◆ 平成22年9月の施術分より、窓口支払いの領収証が無料発行されることになりました。医療費控除を受ける際に必要になりますので、大切に保管しましょう。

を起点とします（留意事項第3の3）。

　同一の建築物に居住する複数の患者を同一日に施術した場合の往療料は、別々に算定することはできません（留意事項第3の6）。

（エ）片道16km超の場合の原則不支給

　片道16kmを超える往療については、当該施術所からの往療を必要とする絶対的な理由がある場合にのみ例外的に認められますが、そのような理由なく、単に患家の希望により16kmを超える往療をした場合の往療料は、全額患者負担とされます（留意事項第3の5）。

　この「絶対的な理由」とは、患家の所在地から半径16km以内に患家の求める施術に専門的に対応できる施術所が存在しない場合や、患家の求める施術に専門的に対応できる施術所が存在していても当該施術所が往療等を行っていない場合などと考えられています。

　これは、このような理由がない場合には片道16kmを超える往療を受ける必要はないと判断されており、そもそも行く必要のない場所での施術を療養費の支給対象としないという趣旨です。

（オ）交　通　費

　往療に要した交通費は、その実費を患家負担とするとされています。

④　再　検　料
（ア）意　　義

　再検料は、施術後、後療を行う必要があるかどうかを判断することに対して410円支給されるものです。

（イ）留意事項

　再検料は、施術後の後療の必要性の有無を判断する際に支給されるものであるため、初検の日の後、最初の後療の日のみ算定できるもので、2回目以降の後療においては支給されません（留意事項第4の1）。

　他方、医師から後療を依頼された患者、既に保険医療機関での受診または他の施術所での施術を受けた患者および受傷後日数を経過して受療する患者の場合は、初検料を算定した初検の日後最初の後療の日に算定可能です（留意事項第4の2）。

⑤　冷罨法料、⑥　温罨法料、⑦　電療料
（ア）意　　義

　冷罨法料は、患部を冷却する施術に対して支給されるものです。

　温罨法料は、患部を加熱する施術に対して支給されるものです。

　電療料は、柔道整復の業務の範囲内において人の健康に危害を及ぼすおそれのない電気光線器具を使用した場合の施術に対して支給されるものです。

（イ）支給要件

　冷罨法料は、（a）骨折または不全骨折の場合、受傷の日から起算して7日間に限り、（b）脱臼の場合、受傷の日から起算して5日間に限り、（c）打撲または捻挫の場合、受傷の日またはその翌日の初検の日に限り、1回につき85円を加算できます（算定基準備考2）。

　温罨法料および電療料は、（a）骨折または不全骨折の場合、受傷の日から起算して7日間を除き、（b）脱臼、打撲、不全脱臼または捻挫の場合、受傷の日から起算して5日間を除き、1回につき、温罨法料は75円、電療料は30円を加算できます（算定基準備考1）。

　もっとも、温罨法料は、初検日には算定できません（留意事項第5の

4（2）ア）。これは、温罨法は主として後療における強直緩解等を目的とするものであるから、初検の日に整復等を行うときには除外されたものです。初検の日から後療のみを行う場合は算定可能となります。

⑧　整復料・⑨　固定料

（ア）算定基準

　骨折の場合の整復料および不全骨折の場合の固定料の算定基準は、図表 3-9 のとおりです。

図表 3-9　骨折の場合の整復料および不全骨折の場合の固定料の算定基準

（単位：円）

	骨折	整復料	後療料
1	鎖骨	5,500	
2	肋骨	5,500	
3	上腕骨	11,800	
4	前腕骨	11,800	
5	大腿骨	11,800	850
6	下腿骨	11,800	
7	手根骨、足骨骨	5,500	
8	中手骨、中足骨、指（手・足）骨	5,500	

（注1）関節骨折または脱臼骨折は、骨折の部に準ずる
（注2）医師により後療を依頼された場合で、拘縮が2関節以上に及ぶ場合の後療料は 1,090 円

（単位：円）

	不全骨折	固定料	後療料
1	鎖骨、胸骨、肋骨	4,100	
2	骨盤	9,500	
3	上腕骨、前腕骨	7,300	
4	大腿骨	9,500	720
5	下腿骨	7,300	
6	膝蓋骨	7,300	
7	手根骨、足根骨、中手骨、中足骨、指（手・足）骨	3,900	

（注）医師により後療を依頼された場合で、拘縮が2関節以上に及ぶ場合の後療料は 960 円

（イ）留意事項

肋骨骨折は、左右側それぞれを1部位として算定します（留意事項第5の1（1））。

指・趾骨の骨折は、骨折の存する指・趾1指（趾）を単位とし、指・趾骨の不全骨折は、1手または1足を単位とします（留意事項第5の1（2））。

関節近接部位の骨折または不全骨折は、同時に生じた当該関節の捻挫に対する施術は、骨折または不全骨折に対する所定料金のみによって算定します（留意事項第5の1（3））。

膝蓋骨骨折の後療は、特に医師から依頼があった場合に限り算定可能となり、この場合、初検料と骨折の後療料等によって算定します（留意事項第5の1（4））。

頭蓋骨骨折または不全骨折、脊椎骨折または不全骨折、胸骨骨折その他の単純ならざる骨折または不全骨折については、原則として算定できません。ただし、特に医師から後療を依頼された場合に限り、算定可能となります（留意事項第5の1（5））。

肋骨骨折にて喀血しまたは皮下気泡を触知する場合、負傷により特に神経障害を伴う場合、観血手術を必要とする場合、臓器出血を認めまたはその疑いのある場合には、必ず医師の診療を受けさせるようにする必要があります（留意事項第5の1（6））。

⑩ 整 復 料
（ア）算定基準

脱臼の場合の整復料の算定基準は、図表 3-10 のとおりです。

図表 3-10　脱臼の場合の整復料の算定基準

(単位：円)

	脱臼	整復料	後療料
1	顎関節	2,600	
2	肩関節	8,200	
3	肘関節	3,900	
4	股関節	9,300	720
5	膝関節	3,900	
6	手関節、足関節、指（手・足）関節	3,900	

（注）脱臼の際、不全骨折を伴った場合

（イ）留意事項

　指・趾関節脱臼は、脱臼の存する指・趾1指（趾）を単位として算定します（留意事項第5の2（1））。

　先天性股関節脱臼等の疾病は、支給対象となりません（留意事項第5の2（2））。

　顎関節脱臼は、左右各1部位として算定します。もっとも、同時に生じた同側の顔面部打撲は、脱臼に対する所定料金のみにより算定します（留意事項第5の2（3））。

⑪　施療料

（ア）算定基準

　捻挫・打撲の場合の施療料は、いずれも760円です。

　施術料の単位となる部位は、以下のとおりです。

打　撲	頭部、顔面部、頚部、胸部、背部（肩部を含む）、上腕部、肘部、前腕部、手根・中手部、指部、腰殿部、大腿部、膝部、下腿部、足根・中足部、趾部
捻　挫	頚部、肩関節、肘関節、手関節、中手指・指関節、腰部、股関節、膝関節、足関節、中足趾・趾関節

（イ）留意事項

　指・趾の打撲・捻挫は、1手または1足を単位として算定します（留意事項第5の3（2））。

　打撲においては、顔面部、胸部、背部（肩部を含む）または殿部は、左右合わせて1部位として算定します（留意事項第5の3（3））。

　肩甲部打撲は、背部打撲として取り扱います。肩甲部打撲という名称を使用すること自体は問題ありませんが、肩甲部と背部の2部位として取り扱うことはできません（留意事項第5の3（4））。

　筋または腱の断裂（いわゆる肉離れをいい、挫傷を伴う場合もあります）については、打撲の部の所定料金によって算定します。もっとも、支給の対象は、介達外力による筋、腱の断裂（いわゆる肉離れ）であって、柔道整復師の業務の範囲内のものに限られます。打撲および捻挫と区分する必要があることから、柔道整復施術療養費支給申請書に記載する負傷名は挫傷として差し支えないとされていますが、算定部位は、次のものに限られます（留意事項第5の3（5））。

a　胸部挫傷	胸部を走行する筋の負傷であって、肋間筋、胸筋等の損傷であるもの（左右合わせて1部位として算定）
b　背部挫傷	背部を走行する筋の負傷であって、広背筋、僧帽筋等の損傷であるもの（左右合わせて1部位として算定）
c　上腕部挫傷	上腕部を走行する筋の負傷であって、上腕二頭筋、上腕三頭筋等、肩関節と肘関節の間の損傷であるもの
d　前腕部挫傷	前腕部を走行する筋の負傷であって、円回内筋、手根屈筋、腕橈骨筋等、肘関節と手関節との間の損傷であるもの

e　大腿部挫傷	大腿部を走行する筋の負傷であって、大腿四頭筋、内転筋、大腿二頭筋等、股関節と膝関節の間の損傷であるもの
f　下腿部挫傷	下腿部を走行する筋の負傷であって、腓腹筋、ヒラメ筋、脛骨筋等、膝関節と足関節の間の損傷であるもの

（ウ）長期継続の場合

　打撲・捻挫の施術が、初検の日から3カ月を超えて継続する場合は、負傷部位、症状および施術の継続が必要な理由を明らかにした「長期施術継続理由書」を柔道整復施術療養費支給申請書に添付する必要があります（留意事項第5の3（1））。

　また、施術が3カ月を超えて継続する場合で1カ月間の施術回数の頻度が高いときは、負傷部位ごとに、症状および3カ月を超えて頻度の高い施術が必要な理由も記載する必要があります（留意事項第5の3（1））。「長期施術継続理由書」は、留意事項で様式が示されていますが、同様のものを柔道整復療養費支給申請書の裏面に印刷したり、スタンプ等によって調製したりする方法も可能です。また柔道整復療養費支給申請書の「摘要」欄に、上記理由を記載する方法も可能です。

⑫　後 療 料
（ア）意　　義

　整復、固定、施療後に後療が行われたことに対して支給されるものです。

（イ）算定基準

骨折	850円（ただし医師により後療を依頼された場合で拘縮が2関節以上に及ぶ場合は1,090円）
不全骨折	720円（ただし医師により後療を依頼された場合で拘縮が2関節以上に及ぶ場合は960円）
脱臼	720円
打撲および捻挫	505円

⑬　金属副子等の加算

（ア）意　　義

　骨折、脱臼の整復または不全骨折の固定にあたり、特に、施療上、金属副子、合成樹脂副子または副木・厚紙副子を必要とし、これを使用した場合に算定できます。金額は、整復料または固定料に1,000円が加算されます。また、金属副子等の交換が必要となった場合、2回まで後療料に1,000円を加算することができます（算定基準備考6）。

（イ）支給要件

　金属副子等の加算がなされるための要件は、（a）使用した固定部品が金属副子、合成樹脂副子または副木・厚紙副子であり、（b）骨折、脱臼の整復および不全骨折の固定に際し、特に、施療上、金属副子等による固定を必要としてこれを使用した場合です（留意事項第5の4（6）アおよびイ）。

（ウ）交　　換

　金属副子等の交換が必要になった場合は、2回まで後療料に加算でき

ます。

交換とは、(a) 負傷部位の状態の変化により金属副子等の大きさや形状の変更が必要となった場合、(b) 金属副子等が破損した場合、(c) 衛生管理上、交換が必要となった場合である必要があり、単に患者の希望によって交換した場合は支給されません（留意事項第5の4 (6) ウ）。

（エ）留意事項

金属副子等加算の所定金額には、金属副子等の費用および包帯等の費用が含まれているものとされています（留意事項第5の4 (6) エ）。したがって、これらの費用を別途請求することはできません。

⑭ 柔道整復運動後療料
（ア）意　　義

骨折、不全骨折または脱臼に係る施術を行った後、運動機能の回復を目的とした各種運動を行った場合に支給されるものです。

（イ）支給要件

20分程度、柔道整復の一環としての運動による後療を実施した場合に算定できます（留意事項第5の4 (7) アおよびウ）。運動機能の目的とした各種運動を行う必要があり、単なるストレッチングでは認められません。

（ウ）支給基準

部位、回数に関係なく1日320円とし、負傷の日から15日間を除き、1週間に1回程度、1カ月（暦月）に5回を限度とし、後療時に算定できます（留意事項第5の4 (7) イおよびウ）。

1日における柔道整復運動後療料は、各種運動を行った部位数、回数を考慮しないで算定します（留意事項第5の4（7）カ）。

　当該負傷の日が月の15日以前の場合および前月から施術を継続している者で当該月の16日以降に後療が行われない場合には、当該月について2回を限度に算定できます（留意事項第5の4（7）エ）。

⑮　施術情報提供料
（ア）意　　義

　骨折、不全骨折または脱臼に係る応急施術を行った後、保険医療機関に対して施術の状況を示す文書を添えて患者を紹介した場合に、施術情報提供料として1,000円が支給されるものです。

（イ）支給要件

　（a）骨折、不全骨折または脱臼に係る柔道整復師の応急施術を受けた患者について、（b）保険医療機関での診察が必要と認められる場合において、（c）当該患者が柔道整復師の紹介に基づき、（d）実際に保険医療機関に受診したとき、（e）紹介状の年月日が初検日と同一日である場合に限って、算定可能となります（留意事項第5の4（8）ア）。

（ウ）紹介の手続き

　紹介にあたっては、事前に紹介先の保険医療機関と調整の上、留意事項で示されている別紙様式2の施術情報提供紹介書を作成し、患者または紹介先の保険医療機関に交付する必要があります。

　紹介する保険医療機関の選定に際しては、患者の利便性等も考慮し、骨折等の診療に適切と認められる診療科（例えば、整形外科等）を標榜する保険医療機関とすることが求められています。保険医療機関とは、電話等であらかじめ連絡するなどした上で患者を紹介し、受診について

も確認するなど、連絡を密にすることが求められています（留意事項第5の4（8）イおよびウ）。

（エ）留意事項

X線撮影のために保険医療機関に紹介した場合およびX線撮影を保険医療機関に依頼した場合については、算定できません（留意事項第5の4（8）オ）。

紹介先の保険医療機関において骨折等でないと診断された場合には、やむを得ない場合を除き、原則として算定できません（留意事項第5の4（8）カ）。

保険医療機関に紹介した患者について、一定期間の治療後に医師の指示により、再度柔道整復師に後療を依頼された場合については、初検料は算定できず、後療料を算定することになります（留意事項第5の4（8）キ）。

（3）近接部位の算定方法

① 意　義

近接部位の算定方法は、それぞれの部位によって細かく定められています（留意事項第5の4（1））。

この場合の「近接部位」とは、当該捻挫の部位から上下2関節までの範囲のものを意味します。ただし、次の場合は「近接部位」に当たりません。

①　手関節捻挫と前腕部打撲または挫傷（上部に限る）
②　肘関節捻挫と前腕部打撲または挫傷（下部に限る）
③　肘関節捻挫と上腕部打撲または挫傷（上部に限る）
④　肩関節捻挫と上腕部打撲または挫傷（下部に限る）
⑤　足関節捻挫と下腿部打撲または挫傷（上部に限る）

a　頚部、腰部または肩関節捻挫と背部打撲（肩部を含む）・挫傷	頚部、腰部または肩関節捻挫のうち、いずれか２部位の捻挫と同時に生じた背部打撲（肩部を含む）または挫傷に対する施術料は、捻挫に対する所定料金のみ算定可能
b　左右の肩関節捻挫と頚部捻挫・背部打撲	左右の肩関節捻挫と同時に生じた頚部捻挫または背部打撲に対する施術料は、左右の肩関節捻挫に対する所定料金のみ算定可能
c　顎関節と顔面部打撲	顎関節の捻挫は左右各１部として算定可能だが、同時に生じた同側の顔面部打撲に対する施術料は、捻挫に対する所定料金のみ算定可能
d　指・趾骨の骨折または脱臼と不全骨折・捻挫・打撲	指・趾骨の骨折または脱臼と同時に生じた不全骨折、捻挫または打撲に対する施術料は、骨折または脱臼に対する所定料金のみ算定可能
e　関節近接部位の骨折・不全骨折	関節近接部位の骨折の場合、同時に生じた当該骨折の部位に最も近い関節の捻挫に対する施術料は、骨折に対する所定料金のみ算定可能
f　関節捻挫と当該関節近接部位の打撲・挫傷	関節捻挫と同時に生じた当該関節近接部位の打撲または挫傷に対する施術料は、捻挫に対する所定料金のみ算定可能

⑥　膝関節捻挫と下腿部打撲または挫傷（下部に限る）

⑦　膝関節捻挫と大腿部打撲または挫傷（上部に限る）

⑧　股関節捻挫と大腿部打撲または挫傷（下部に限る）

　上部、下部とは、部位を概ね上部、幹部、下部に３等分した場合のものです。

　なお、当該負傷の施術継続中に発生した同一部位または近接部位の負

傷に係る施術料は、当該負傷と同時に生じた負傷の場合と同様の取扱いをすることとされています。

② 近接部位の算定例

（ア）骨折・不全骨折の場合

算定例は、図表 3-11 のとおりです。

（イ）脱臼・打撲・捻挫・挫傷の場合

算定例は、図表 3-12 のとおりです。

図表 3-11　近接部位の算定例（骨折・不全骨折）

種　　類	算定できない例	算定できる例
鎖骨骨折	肩部の打撲，肩関節捻挫	頚部捻挫
		上腕部打撲または挫傷
肋骨骨折	同側の 1～12 肋骨の骨折	左右の肋骨骨折
	同側の胸部打撲または挫傷	左右反対側の胸部・背部打撲または挫傷
	同側の背部打撲または挫傷	
上腕骨骨折（上部）	肩部打撲	肘部打撲
	肩関節捻挫	肘関節捻挫
上腕骨骨折（下部）	肘部打撲	肩部打撲
	肘関節捻挫	肩関節捻挫
前腕骨骨折（上部）	肘部打撲	手部打撲
	肘関節捻挫	手関節捻挫
前腕骨骨折（下部）	手関節捻挫	肘部打撲
	手根・中手部打撲	肘関節捻挫
手根骨骨折	手関節捻挫	前腕部打撲
	中手部打撲	前腕部挫傷
	中手指関節捻挫	指部打撲
		指関節捻挫

中手指骨折	中手骨 1～5 個々の骨折	前腕部打撲
	手関節捻挫	前腕部挫傷
	手根部打撲	
	中手指関節捻挫	
	指部打撲	
	指関節捻挫	
指骨骨折	手根・中手指打撲	1 指単位の算定
	中手指関節捻挫	手関節捻挫
	指部打撲	
	指関節捻挫	
大腿骨骨折（上部）	殿部打撲	膝部打撲
	膝関節捻挫	膝関節捻挫
		腰部打撲
		腰部捻挫
大腿骨骨折（下部）	足根部打撲	膝部打撲
	足関節捻挫	膝関節捻挫
		中足部打撲
下腿骨骨折（上部）	膝部打撲	大腿部打撲
	膝関節捻挫	大腿部挫傷
		足関節捻挫
下腿骨骨折（下部）	足根部打撲	膝部打撲
	足関節捻挫	膝関節捻挫
	足関節捻挫	中足部打撲
足根骨骨折	中足部打撲	下腿部打撲
	中足趾関節捻挫	下腿部挫傷
		趾関節捻挫
		趾部打撲
中足骨骨折	中足骨 1～5 個々の骨折	下腿部打撲
	足関節捻挫	下腿部挫傷
	足根部打撲	
	中足趾・趾関節捻挫	
	趾部打撲	
趾骨骨折	足根・中足部打撲	一趾単位で算定
	中足趾関節捻挫	足関節捻挫
	趾部打撲	
	趾関節捻挫	

図表 3-12　近接部位の算定例（脱臼等）

種類	算定できない例	算定できる例
頚部捻挫	肩峰より内側の肩部打撲	一側の肩関節脱臼
		一側の肩関節捻挫
		背部打撲（下部）
		背部挫傷（下部）
肩関節脱臼・捻挫	上腕上部または幹部の打撲または挫傷	上腕下部の打撲または挫傷
		背部打撲または挫傷（下部）
		頚部捻挫（ただし、肩関節一側の場合）
肘関節脱臼・捻挫	上腕下部または幹部の打撲または挫傷	上腕上部の打撲または挫傷
	前腕上部または幹部の打撲または挫傷	前腕下部の打撲または挫傷
手関節脱臼・捻挫	前腕下部または幹部の打撲または挫傷	前腕上部の打撲または挫傷
	手根・中手部打撲	中手指・指関節捻挫
		指部打撲
中手指・指関節脱臼	手根・中手部打撲	1 指単位で算定
中手指捻挫	指部打撲	
指関節捻挫	指関節捻挫	手関節捻挫（打撲・捻挫は 1 手単位で算定）（脱臼は 1 指単位で算定）
背部打撲または挫傷	同側の胸部打撲または挫傷	胸部打撲または挫傷（同側を除く）
		一側の肩関節捻挫
腰部捻挫		背部の打撲または挫傷（上部）
		股関節捻挫、殿部打撲（下部）

第3章　療養費

腰部打撲	殿部打撲	背部の打撲または挫傷（上部）
		股関節捻挫
股関節脱臼・捻挫	大腿上部または幹部の打撲または挫傷	大腿下部の打撲または挫傷
	同側の殿部打撲	腰部打撲・捻挫
膝関節脱臼・捻挫	大腿下部または幹部の打撲または挫傷	大腿上部の打撲または挫傷
	下腿上部または幹部の打撲または挫傷	下腿下部の打撲または挫傷
足関節脱臼・捻挫	下腿下部または幹部の打撲または挫傷	下腿上部の打撲または挫傷
	足根・中足部打撲	中足趾・趾関節脱臼・捻挫
		趾部打撲
中足趾・趾関節脱臼	足根・中足部打撲	脱臼は1趾単位で算定（打撲・捻挫は1足単位で算定）
	趾部打撲	
中足趾・趾関節捻挫	趾関節捻挫	

(4) 3部位以上の場合の算定方法

① 意　義

　3部位目の施術部位は、後療法、温罨法料、冷罨法料および電療法については所定料金に 100 分の 60 に相当する金額により算定します。また、4部位目以降に係る費用は、3部位目までの料金に含まれることになります（算定基準備考3）。

② 留意事項

　この多部位逓減は、骨折、不全骨折、脱臼、捻挫および打撲のすべてのものが対象となります。部位ごとの算定の過程において 1 円未満の端数が生じた場合は、その都度、小数点以下 1 桁目を四捨五入することにより端数処理を行います（留意事項第5の4（3）オ）。

　施術録には、いずれにせよ4部位目以降の負傷名も含め記載する必要があります（留意事項第5の4（3）エ）。

③ 特定部位が治癒した場合の処理

　多部位の負傷の施術中、特定の部位に係る負傷が先に治癒し、施術部位数が減少した場合は、減少後の施術部位数に応じた逓減率を乗じた額を算定します（留意事項第5の4（3）イ）。

　例えば、①腰部捻挫、②右膝関節捻挫、③右足関節捻挫、④左下腿部挫傷の負傷の施術をしていた場合、当初の算定としては、④左下腿部挫傷は①〜③に含まれ、独自に算定することはできず、③右足関節捻挫は 100 分の 60 の逓減率を乗じます。その後、②右膝関節捻挫が治癒したときは、③右足関節捻挫は逓減率を乗じる必要がなくなり、④左下腿部挫傷に逓減率を乗じることになります。

　もっとも、逓減率が変更されるのは他の部位が治癒したことによる場

合のみで、3部位以上の施術期間中、その日に2部位のみについて施術をしたような場合は変更とはなりません（留意事項第5の4（3）ウ）。

(5) 長期施術の場合の算定方法

①　意　　義

　初検日を含む月（ただし、初検の日が月の16日以降の場合にあっては、当該月の翌月）から起算した5カ月を超える月における施術は、骨折または不全骨折に係るものを除き、後療料、温罨法料、冷罨法料および電療料について、所定料金の100分の80に相当する金額により算定します（算定基準備考4）。

②　留意事項

　部位ごとの算定の過程において1円未満の端数が生じた場合は、その都度小数点以下1桁目を四捨五入することにより端数処理を行います（留意事項第5の4（4）イ）。

(6) 長期・多部位の施術の場合の定額料金の届出

　初検日を含む月（ただし、初検の日が月の16日以降の場合にあっては、当該月の翌月）から起算した5カ月を超えて、継続して3部位以上の施術（骨折または不全骨折に係るものを含む）を行った場合、あらかじめ地方厚生（支）局長および都道府県知事に届け出た施術所において施術を行う柔道整復師に限り、施術部位数に関係なく、後療料、温罨法料、冷罨法料および電療料として、1回につき1,200円を算定できます。この場合、当該施術に要する費用の範囲内に限り、前記料金を超える金額の支払いを患者から受けることができます（算定基準備考5）。

（7）明細書発行体制加算（令和4年10月1日施行）

　令和4年10月1日より、明細書の交付義務が明示されたこととの関係で（**3-7（6）**参照）、明細書を無償で発行する場合に、月1回13円が支給されます（算定基準備考9）。

　支給要件は、（a）留意事項で示されている別紙様式3によって明細書を無償で交付する施術所である旨を届け出ること、（b）明細書を無償交付する旨を施術所内に掲示すること、（c）一部負担金の計算の基礎となった項目ごとに記載した明細書を無償で患者に交付したことです（留意事項第5の4（9）ア）。

3-9 保険医療機関で治療中の負傷に対する施術

Q 保険医療機関で治療中の負傷に対して施術を行ったものは、療養費は支給されないのですか？

A 保険医療機関で治療中であるという理由のみで療養費の支給対象外と扱うのは誤りです。

解説

　療養費が支給される要件と基準は算定基準および留意事項に明記されており、これが契約内容となっています。算定基準および留意事項には、保険医療機関での治療中の負傷に対する施術の療養費を支払わないとする旨の記載はありません。

　具体的には、留意事項では、「現に医師が診療中の骨折又は脱臼については、当該医師の同意が得られている場合のほかは、施術を行ってはならないこと。ただし、応急手当をする場合はこの限りでないこと」と規定されており（留意事項第1の4）、当該医師の同意がある場合や応急手当をする場合は、柔道整復師が施術を行うことが認められています。

　さらに、「既に保険医療機関での受診又は他の施術所での施術を受けた患者」については、「現に整復、固定又は施療を必要とする場合に限り、初検料、整復料、固定料又は施療料を算定できる」と規定されており（留意事項第1の8）、保険医療機関での治療中の負傷に対する施術

に対して療養費を支払う行うことが予定されています。

　したがって、保険医療機関での治療中の負傷に対する施術であること
だけを理由に、そのことから直ちに療養費を支給しないとする帰結は、
誤りです。

　保険者が患者宛てに発出している説明文書では短絡的な説明がされて
いたり、実際に、保険医療機関で治療中であることだけを理由として不
支給とされる扱いがあったりするようですが、保険医療機関で治療中で
あることのみを理由に療養費を支給しないというのであれば、それは
誤った対応と言わざるを得ません。

　他方で、医師の同意や現に施術を実施する必要性が要件でもあるの
で、施術を行った以上療養費を支給すべきという主張も、また誤りとな
ることに注意が必要です。

　柔道整復の適応判断（**2-5**参照）を厳密に行い、しかも、保険医療機
関で治療中であってもなお施術を実施する必要性があると判断した根拠
を残しておく必要があります。

3-10 自費徴収の可否

Q 包帯の実費分を患者から徴収することは可能でしょうか？

....

A 後療において、患者の希望で新しい包帯を使用した場合は、患者から徴収することができます。

解説

　膏薬、湿布薬等を使用した場合の薬剤料、材料代等は、骨折、脱臼、打撲および捻挫に対する施術料に含まれており、別途これを請求することはできません（留意事項第1の10）。もっとも、後療において患者の希望により新しい包帯を使用した場合は、患者負担とすることができます（留意事項第1の11）。

　これは、後療において新しい包帯を使用した場合、それが単に患者の希望のみを理由としたものでは療養費の支給対象とならないことから、実費を患者負担とすることが認められているものです。この場合、患者が当該材料の使用を希望する旨の申出書を患者から提出してもらうとともに、徴収額を施術録に記載する必要があります（留意事項第1の11）。

3-11 療養費支給申請書

Q 療養費支給申請書はどのように書けばよいでしょうか？

A 細目は通達で規定されていますが、最も重要なことは、行った施術が療養費の支給対象となることを保険者に対して説得、説明する書類だという意識をもって作成することです。

解説

　療養費の請求は、所定の柔道整復施術療養費支給申請書（以下、「療養費支給申請書」といいます）によって行う必要があります（規程26条）。その記載要領は、規程26条～28条で記載すべき内容や送付手続が規定されています。

　療養費支給申請書は、保険者に療養費の支払請求を行う書類である以上、「保険者のためのもの」という意識を持って作成することが重要です。つまり、当該施術が療養費の支給対象となることを、記載内容により保険者に対して証明しなければいけない、という意識を持つことが必要です。施術を行う柔道整復師の立場からすれば、患部や施術の個別性が前提にあるわけですが、施術のすべてが療養費の支給対象となるわけではなく、算定基準や留意事項に即した記載になっていなければ「療養費は支給されない」という結論になってしまいます。保険者側が理解できないような記載のしかたでは療養費の支給も困難、となりかねません。

以下では、特に留意すべき点を取り上げます。

(1) 負傷の原因

いつ、どこで、どうして、どこ（部位）を、どのように負傷したかを記載する必要があります。

療養費の支給対象となるのは、「外傷性が明らかな骨折、脱臼、打撲及び捻挫」ですので（留意事項第１の５）、「外傷性が明らか」である理由を記載することになります。

また当然ですが、負傷の原因と負傷名は整合していなければおかしな話になってしまいます。発生したと判断した負傷がどのように生じたかが負傷の原因ですので、例えば、負傷名に「肩関節捻挫」が含まれているのに、負傷の原因として「自宅で足を捻った」と書いてあったら、「自宅で足を捻ったとして、どうして肩関節捻挫が生じたのかがわからない」ということになってしまい、負傷原因の記載が不十分ということになります。

望ましい記載としては、例えば、「今朝、自宅で右足首を捻じった際、転倒しそうになり右手を床につき、その際、右肩を捻じった」のようなものになります。特に「どこで」について、保険者は特に注意して見ています。その負傷が健康保険の適用範囲内なのか、それとも通勤災害、労働災害のいずれに該当するかを選別するためです。

また、例えば、負傷の原因において「関節を捻り」との記載があり、負傷名で「挫傷」とだけある場合、どうして捻挫ではなく挫傷なのか疑問に思われてしまうおそれがあります。「挫傷」と判断するのであれば、「関節を捻った」という負傷原因の後、当該部位がどのようになって「挫傷」に至ったのかの過程を記載すべきです。

(2) 負 傷 名

算定基準に規定されている、療養費料算定の単位となる所定部位の名

称および負傷名を記載する必要があります。その際、部位の左右上下等を特定する必要があります。部位や負傷名で金額が変わり得るからです（**3-8**参照）。

(3) 負傷年月日

　当該負傷部位に係る負傷をした年月日を記載します。

　療養費が支給されるためには、「外傷性が明らか」である必要があることから（留意事項第1の5）、負傷年月日は、具体的な日時を記載する必要があります。

　負傷部位が2部位以上の場合に、いずれも同一日時での負傷とする同時負傷の事案を多発させると不正請求を疑われる契機となりますので、注意が必要です。「2部位以上を同じ日に負傷する事案が一つの施術所で多発することは多くはないだろう」という経験則から、それが不自然な数と感じられるほどになった場合、不正を疑われるということです。

(4) 転　　帰

　治癒の場合は「治癒」、保険医療機関に引き継いだ場合は「転医」、施術を中止した場合および他の事情で患者に対する施術を止めた場合は「中止」を、それぞれ○で囲みます。施術が継続中の場合は何も印をつけません。

　負傷部位が2部位以上の場合に、いずれも同一日時での「治癒」とする同時治癒の事案を多発させると不正請求を疑われる契機となりますので、注意が必要です。「2部位以上の負傷が同じ日に治癒する事案が一つの施術所で多発することは多くはないだろう」という経験則から、それが不自然な数と感じられるほどになった場合、不正を疑われるということです。

(5) 往療料

　往療料の支給要件は、真に安静を必要とするやむを得ない理由があり、かつ患家の求めがある場合というハードルがありますので（留意事項第3の2）、算定基準または留意事項では直截的には求められていませんが、通達の記載要領では、「摘要」欄に、(a) 歩行困難等真にやむを得ない理由、(b) 暴風雨雪加算を算定した場合は、当該往療を行った日時、(c) 難路加算を算定した場合は、当該往療を行った日時または難路の経路、(d) 片道16kmを超える往療料を算定した場合は、往療を必要とする絶対的な理由を、それぞれ記載することが求められています。

(6) 金属副子等加算

　使用または交換した回数および合計金額を記載します。
　また「摘要」欄に、金属副子等を使用または交換した年月日をそれぞれ記載します。

(7) 柔道整復運動後療料

　回数および合計金額を記載します。
　また「摘要」欄に、柔道整復運動後療法の算定となる日をそれぞれ記載します。

(8) 整復料・固定料・施療料

　医師の同意は、同意を得た旨が施術録に記載されていて、かつ支給申請書の「摘要」欄に付記されていれば、必ずしも別途、医師の同意書を添付する必要はありません（留意事項第1の3）。逆に言うと、医師の同意書を添付しない場合、施術録と療養費支給申請書の「摘要」欄に記

載が必要ということになります。

(9) 後 療 料

膝蓋骨骨折、頭蓋骨骨折または不全骨折、脊椎骨骨折または不全骨折、胸骨骨折その他の単純ならざる骨折または不全骨折の後療については、特に医師から依頼があった場合に限り算定可能ですので（留意事項第5の1（4）（5））、「摘要」欄に、後療を依頼した医師または医療機関名を記載する必要があります。

(10) 施術証明欄

療養費支給申請書に記載した施術の内容等を確認し、日付、施術所所在地、柔道整復師氏名を記入の上、氏名の横に押印します。

なお、療養費の受領委任をさらに復委任する場合は施術証明欄に復委任する旨を明記するのが望ましいです。「柔道整復施術療養費に係る疑義解釈資料の送付について（その2）」（令和4年5月27日厚生労働省医療課事務連絡）などでは、柔道整復施術療養費支給申請書の「施術証明書」欄に、「療養費の受領を○○○会○○○会長（○○市○○番○○号）に委任します」と記載する例が示されています。

(11) 受取代理人への委任欄

患者から受領委任を受けた場合、「受取代理人への委任」欄に、患者の自筆により、委任年月日、住所、氏名を記入してもらいます。受領委任の意思を表示する根拠となる欄ですので、原則として患者の自署が必要になります。例外的に、患者が利き手を負傷しているなど自署ができないやむを得ない理由がある場合は柔道整復師が代筆し、患者に押印してもらうという方法が可能です。

3-12 施 術 録

Q 療養費の支給対象となる施術に関する施術録は
どのように書けばよいでしょうか？

A 療養費の支給対象となる施術の施術録の記載要
領は留意事項で定められています。

解 説

　療養費の支給対象となる施術については、留意事項で定められた事項
を網羅した施術録を、患者ごとに作成しなければなりません（**3-7（8）**
参照）。この施術録は、施術完結の日から5年間保管し（留意事項第6
の3）、保険者等に施術録の提示または閲覧を求められたときは、速や
かに応じなければならないとされています（留意事項第6の2）。

　留意事項に定められている記載要領は、専ら、これが療養費支払請求
の根拠となる資料であるという視点から規定されています。例えば、保
険等の種類、被保険者証、公費負担、一部負担割合などの記載が求めら
れており、保険以外の施術録とは区別して整理することが求められてい
ます（規程22条）。

　施術録の元来の趣旨と機能は、患者の容体、それに対する柔道整復師
の判断、行った施術の内容等を、時系列に沿って、客観的に、できるだ
け詳細に記録することにあります（**2-7**参照）。ですから、まず把握
し、記録されるべき事実は、具体的な容体に対してどのような判断過程
を経てどのような施術を行い、容体がどう推移したのか、です。行った

施術が療養費の支給対象となるか否かは、その次の問題で、検討の段階を異にします。

　したがって、留意事項の記載要領は、療養費の支給の円滑化という視点から必要最小限度のことが求められているに過ぎないと理解すべきです。患者への説明責任を果たすという意味では、前述のとおり（**2-7**参照）、施術録の本来的機能をよく理解した記載の充実の徹底を心がけるのがよいでしょう。

第3章　療養費

3-13 施術管理者の要件

Q 柔道整復師の資格を取得した後、すぐに施術管理者となって療養費の支給申請を行うことができるのでしょうか？

A 2年以上柔道整復師として実務に従事した経験を有する者で、登録研修機関が行う研修の課程を修了した者でなければ、施術管理者になれません。

解説

　療養費の支給は、施術所の開設者である者を受領委任に係る施術管理者として一人設置し（規程4条）、施術管理者が施術所所在地の厚生（支）局長と都道府県知事との間で個人契約を締結することで利用可能となります（規程8条〜11条）。そして、施術管理者が施術所における療養費をまとめて支給申請することになります（規程12条、26条〜28条）。

　この施術管理者となるための要件ですが、社会保障審議会医療保険部会柔道整復療養費検討専門委員会における検討を踏まえ、「柔道整復師の施術に係る療養費の受領委任を取扱う施術管理者の要件について」（平成30年1月16日付保発0116第2号）により、新たに実務経験と研修の受講が要件とされました。

　すなわち、2年以上柔道整復師として実務に従事した経験を有する者

で、登録研修機関が行う研修の課程を修了した者でなければ、施術管理者になれません（規程5条1項）。この実務に従事した経験の期間は、今後は原則として3年間となる予定です。

研修は、登録研修機関により、①職業倫理、②適切な保険請求、③適切な施術所管理、④安全な臨床を標準的なカリキュラムとしてこれらすべてが実施され、合計16時間以上、2日程度の講義によって行われます。

こうして新たに施術管理者の要件が定められたのは、療養費の不正請求を防ぐための一環です（**3-17**参照）。

3-14 柔整審査会

Q 療養費の支給申請の際に行われる柔整審査会の審査は、どのような点に着目して行われるものですか?

A 療養費の適正支給を実現するために、療養費支給申請書の形式面および内容面ならびに同一施術所における施術傾向を審査します。多部位、長期、頻回、部位転がしの疑いについては、特に重点的に審査が行われます。

解説

(1) 柔整審査会とは

　療養費の支払いは、全国健康保険協会都道府県支部の柔道整復療養費審査委員会または国民健康保険団体連合会の国民健康保険等柔道整復療養費審査委員会(以下、合わせて「柔整審査会」といいます)の審査を経ることとされています(規程32条)。まず柔整審査会で審査され、点検調査の結果、不備がある場合には申請書は返戻されます(規程33条、28条)。また、柔整審査会における審査等を踏まえ、保険者が療養費の支給、減額、不支給等の決定をします(規程35条)。

(2) 組　　織

　柔整審査会の組織は、「柔道整復師の施術に係る療養費に関する審査委員会の設置及び指導監査について」(平成11年10月20日保発第145号)に設置要綱が定められています。

　柔整審査会の委員は、施術担当者を代表する者、保険者を代表する者および学識経験者から構成されます。それぞれの者は原則として同数とされ、特に、施術担当者を代表する者と保険者を代表する者は必ず同数とするとされており、公平性の確保が図られています。

　施術担当者を代表する者および保険者を代表する者は、それぞれ関係団体の推薦に基づき、全国健康保険協会都道府県支部長、都道府県民生主管部(局)長または都道府県国民健康保険団体連合会理事長等が委嘱します。

　委員の任期は2年間で、再任可能です。

(3) 審査内容

　審査は、健康保険法等の関係法令のほか、算定基準、規程、柔整審査会審査要領に基づく、申請書の審査を行います。

　柔整審査会審査要領は、「柔道整復師の施術に係る療養費に関する審査委員会の設置及び指導監査について」(平成11年10月20日保発第139号)に定められています。そこでは、適切かつ効率的な審査のため、毎月の審査において、以下の事項から任意に選択した事項を重点的に審査するものと規定されています。

①	負傷名および算定部位に関すること
②	初検料および時間外加算等の算定に関すること
③	往療料の算定に関すること
④	再検料の算定に関すること
⑤	近接部位の算定に関すること

⑥　温罨法、冷罨法および電療料の加算の算定に関すること
⑦　多部位施術の算定に関すること
⑧　長期施術の算定に関すること
⑨　頻回施術に関すること
⑩　施術情報提供料の算定に関すること
⑪　同一施術所における同一患者の負傷と治癒等を繰り返す施術、いわゆる「部位転がし」に関すること

　このうち、特に⑦、⑧、⑨および⑪については、施術所ごとまたは請求団体ごとに3部位以上の施術、3カ月を超える施術、月10回以上の施術、同一施術所における同一患者の負傷と治癒等を繰り返す施術、いわゆる「部位転がし」等の傾向があるものを分析するなど、重点的に審査することとされています。これらは、類型的に不正請求の疑いがあるもののため（後述 **3-17** 参照）、特に重視して審査すべき項目として掲げられているものです。

（4）審査方法

　審査は、以下の方法を組み合わせて行うこととされています。

① **形式審査**：記載内容に関する事項（支給申請書の記載誤り等）
② **内容審査**：施術内容に関する事項（支給対象者の具体的な負傷名、近接部位の考え方等）
③ **傾向審査・縦覧点検**：同一施術所における施術傾向（多部位・長期・頻回施術の傾向、いわゆる「部位転がし」の傾向、同一施術所における同一患者の通算受療期間の傾向等）

　注目すべきは、まず、②内容審査において、特に「負傷名」と「近接部位の考え方」が掲げられている点です。申請書に記載された負傷名と

それに対して行った施術が不自然、不合理、不相当なものとなっていないかという視点で審査が行われることを意味します。

　次に、③傾向審査・縦覧点検として、多部位、長期、頻回、部位転がしについて、同一施術所における傾向を審査することとされています。つまり、多部位、長期、頻回、部位転がしが見られた場合、「この施術所では、他の患者にも、多部位、長期、頻回、部位転がしをやっていないか？」という疑いの眼差しが向けられて審査が行われることになります。

　柔整審査会は、柔道整復師に対して、報告等を求めることができます。また、保険者側に対して、柔道整復師から報告等を徴するよう申し出ることもできます。

3-15 患者調査

Q 保険者からの患者調査において、患者は施術内容をよく覚えておらず、事実と異なる説明をしたようなのですが、どうすればよいでしょうか？

A 保険者に対して、施術録などを元に正しい事実経過を説明しましょう。

解説

(1) 患者調査とは

　柔道整復師の療養費の適正化への取組みの一環として、保険者による患者調査が行われることがあります（平成24年3月12日付保医発0312第1号ほか）。

　この患者調査は、例えば、3部位以上負傷の申請書、3カ月を超える長期継続（4カ月目以降）の申請書）または施術回数が頻回傾向（1カ月当たり10～15回以上継続する傾向がある場合）の申請書に対して、施術の状況等を確認するため、文書照会や聴取りを実施するなどの方法がとられます。調査対象の選定基準は各保険者の実施体制等に応じて決められるものなので、上記に限られるものではありません。

　患者調査の内容は、例えば、当該施術所における施術期間や回数、施術部位や施術内容の確認が行われます。また、負傷の原因についても、療養費支給申請書の記載と合致しているかの確認が行われます。さら

に、療養費支給申請書が、柔道整復師によって一方的、恣意的に作成されていないかをチェックするため、「受取代理人への委任」の欄を患者自身が自署したかの確認がなされることもあります。

調査の結果、算定基準に合致しないことが判明した場合、療養費は不支給となります。また、不正または不正受給請求の疑いがある場合、地方厚生（支）局医療主管課（都道府県事務所を含む）および都道府県に対して情報提供がなされます。

(2) 患者に対する調査の留意点

患者調査によって患者の認識と療養費支給申請書の記載に齟齬が明らかになった場合、例えば、患者は月に3回しか通院しなかったと述べているにもかかわらず、療養費支給申請書には月に20回も通院したとの記載がなされているなどの場合、不正請求を強く疑われることになります。患者が負傷しているとの自覚がない負傷名が記載されているなどの場合も同様です。

もっとも、問題は患者が自身の通院費や施術内容を必ずしも鮮明に理解、記憶しているとは限らないということです。つまり、患者の理解、記憶の曖昧さ故に、患者調査における患者の説明が柔道整復師の提出した療養費支給申請書と完全に一致するとは限らない、ということです。

このような事態を可及的に防止するためには、普段から十分な説明を行い、患者の理解を促進させ、記憶を定着させるようなコミュニケーションを図ることが重要です（前述 **2-3**、**2-4** 参照）。また、患者の記憶の欠落・齟齬を補うため、施術録の記載を充実させ、保険者による調査に十分に回答できるようにしておくことが重要です（前述 **2-7** 参照）。

(3) 柔道整復師側の回答義務

患者調査に関連して、柔道整復師に対して保険者から質問等の調査がなされることもあります。受診回数が明らかに患者の回答と異なること

が疑われるなどにより、患者に照会しなくても療養費の支給にあたって施術所に照会を行う必要があると保険者が判断した場合は、患者に対する再照会を行わずに、直接、施術所に対して照会が行われることがあります。

　この施術所への照会は、文書による方法のほか、電話または施術所等に訪問する方法で行われることもあります。

　保険者による調査については、施術者は、受領委任の契約上回答義務がありますので（規程36条）、十分な対応をしなければなりません。繰返しになりますが、この時に慌てないようにするために、普段から作成趣旨に則った形での施術録を作成しておくことが大切です。

(4) 不当な調査がなされた場合

　昨今、本来の目的である不正疑いの確認という趣旨を越えて、柔道整復師への受診抑制を目的とするような過大な調査が行われる例が散見されます。このような調査は権限を逸脱、濫用したものと言わざるを得ず、そのような疑いのあるケースはを戒める通達が出されています（「柔道整復師の施術の療養費の適正化への取組について」（平成24年3月12日付保医発0312第1号ほか））。

　厚生労働省には相談窓口（https://www.mhlw.go.jp/bunya/iryouhoken/jyuudou/ryouyouhi_shoukai.html）も設置されていますので、疑問を感じたら相談してみるのがよいでしょう。

3-16 指導・監査

Q 指導・監査にはどのような種類があって、どのような流れで行われますか？

A 指導には集団指導と個別指導があり、不正請求の疑いが強い場合、監査の対象となります。監査の結果を踏まえて、受領委任の取扱いが中止されることもあります。

解説

(1) 指導・監査とは

受領委任に係る登録等を受けた施術者等に対しては、地方厚生（支）局長および都道府県知事による指導・監査が行われることがあります（規程 41 条）。

これは、受領委任の基礎となっている算定基準や留意事項等に基づいた施術や療養費の請求等を指導するとともに、実際に行っていることを確認し、仮に違反が判明した場合には受領委任の取扱いを取り消すこともあり得る措置です。

「柔道整復師の施術に係る療養費に関する審査委員会の設置及び指導監査について」（平成 11 年 10 月 20 日保発第 145 号ほか）では、指導監査要綱が定められています。

(2) 指導監査委員会

　指導・監査は、地方厚生（支）局長および都道府県知事が、地方厚生（支）局担当課ならびに各都道府県の国民健康保険主管課および後期高齢者医療主管課で構成する指導監査委員会によって行われます。

(3) 指　　導

　指導の形態は集団指導と個別指導の2種類があり、次のような内容となっています。

集団指導	①概ね1年以内に受領委任の取扱いを承諾した柔道整復師、②受領委任の規程等の内容を遵守させる必要があると認められる柔道整復師を選定して、講習会等の形式によって実施
個別指導	①受領委任の規程等に違反しているものと認められる柔道整復師、②柔整審査会、保険者および患者等からの情報に基づき指導が必要と認められる柔道整復師、③従前の個別指導の後、経過観察の対象となり、改善が認められない柔道整復師または改善状況の確認を要する柔道整復師を選定して、面接懇談方式によって実施 ➡申請書等の関係書類を検査した上で、個々の事例に応じて必要な事項について指導

　個別指導の対象は、柔整審査会または保険者から、不正または著しい不当の事実が認められた請求として客観的な証拠があるものが複数患者分あるもの、あるいは、患者調査等の結果、不正請求の疑いが強いものが複数患者分（概ね10人の患者分あることが望ましいとされています）あるものの情報提供があった柔道整復師を優先的に選定するとされています（規程44条）。

(4) 個別指導後の対応

　個別指導の後、療養費の請求内容が妥当適切でない場合、次のいずれかの措置が講じられます。

①　経過観察

　療養費の請求内容が妥当適切でないが、その程度が軽微である場合または以後改善が期待できる場合は経過観察となります。なお、経過観察の結果、改善が認められない場合または改善状況の確認を要する場合は、当該柔道整復師に対して、再指導がなされます。

②　監　　査

　療養費の請求内容が著しく妥当適切でない場合は、速やかに監査が行われます。

(5) 監　　査

　監査が実施されるのは、次のケースです。

---

①　柔道整復師による療養費の請求内容が不正または著しく不当なものであるとの疑義を認める場合
②　個別指導の後、療養費の請求内容が著しく妥当適切でないと認める場合
③　正当な理由なく個別指導を拒否した場合
④　柔整審査会または保険者から、不正または著しい不当の事実が認められた請求であるとして、複数患者分の客観的証拠がある情報提供があり、証拠が揃っている場合

監査は、療養費の請求内容が不正または著しく不当なものであるとの疑義を認める事例について、その事実関係の有無を確認するとともに、その他、療養費の請求内容が妥当適切であるかについて、申請書等の関係書類を検査します。

(6) 監査後の対応

　監査の結果、①故意に不正または著しく不当な療養費の請求を行ったもの、または②重大な過失により、不正または著しく不当な療養費の請求をしばしば行ったものについては、受領委任の取扱いが中止されます（規程 15 条）。

　また、不正または不当な請求を行った柔道整復師に対し、その請求にかかる療養費を保険者に速やかに返還するよう指導されます。患者に一部負担金が生じている場合、患者に対しての返還も指導されます。

　受領委任の取扱いが中止となった場合、原則として 5 年間は受領委任の取扱いの申込みをしても承諾されません（規程 11 条 1 号）。

3-17 療養費の社会問題化

Q 柔道整復師の療養費の不正請求が社会問題になっていますが、どのようなことが問題になっているのでしょうか？

A 医療費のうち柔道整復療養費の伸び率が著しく、その原因として、多部位、長期、頻回、部位転がしなどによる不正請求の存在が指摘されています。

解説

　柔道整復師の施術に対する療養費の支給をめぐり、不正請求が社会問題となっています。

　近年では、平成 21 年 11 月 11 日、民主党政権下で実施された内閣府行政刷新会議ワーキングチーム「事業仕分け」第 2WG において、医療関係の適正化・効率化の一環として、柔道整復師の療養費に対する国庫負担の問題が取り上げられました。そこでは、「柔道整復師の治療については、不正請求の疑念はぬぐえない。適正な保険給付に向けた改善を実施する必要がある」などと指摘され、15 名の仕分け人全員が「見直しを行うべき」と結論づけました。

　このような指摘に基づき、算定基準などの改正が実施されました。会計検査院による平成 21 年度決算検査報告では、平成 13 年度と平成 19 年度の国民医療費および柔道整復療養費のそれぞれの伸び率を対比した

ところ、柔道整復療養費の伸び率 17.9％ は国民医療費の伸び率 9.8％を大きく上回っていることが指摘され、頻度が高い施術、長期にわたる施術等の事例が多数見受けられました。また、患者からの聞取りによる負傷原因が外傷性の骨折、脱臼、打撲および捻挫ではない患者に施術が行われたりしたなどが多くあり、請求内容に疑義があるのに十分な点検および審査が行われないまま療養費が支給されている、と指摘されました。

　その後、柔道整復師の療養費について、療養費料金の改定および中長期的視点に立った療養費の在り方について検討を行うため、厚生労働省社会保障審議会医療保険部会の下に、柔道整復療養費検討専門委員会が設置され、議論が続けられています。専門委員会の議論状況は、厚生労働省のホームページ（https://www.mhlw.go.jp/stf/shingi/shingi-hosho_126707.html）で公開されています。

　しかし、残念ながら、不正請求のニュースは、今も後を絶ちません。柔道整復師の施術に療養費が支給されているのは、柔道整復師の施術の有用性に対する国民の信頼が基盤になっていることを（前述 **3-1**、**3-2** 参照）、一人ひとりの柔道整復師が強く意識していただきたいと願っています。

　他方、ポイントがずれた業界内での足の引っ張り合いや、いわゆるクレーマーからの不当な言いがかりに屈しないよう、本書において理論面を理解し、正しい柔道整復業務に邁進していただきたいと思います。

第4章

交通事故

4-1 施術費の請求方法

Q 交通事故により負傷した患者に対して施術を行った場合、施術費はどのように請求すればよいですか？

A 患者の事故の相手方（加害者）が加入している任意保険の損害保険会社宛てに請求していくことになるケースがほとんどです。

解説

(1) 柔道整復師の施術費支払請求権

　前述のとおり（**2-1** 参照）、柔道整復師と患者との間では、患者が施術所を訪れ、柔道整復師に対して施術を行うよう求め、柔道整復師がこれに応じることによって施術契約が成立します。そして、その施術契約に基づいて柔道整復師が当該患者に対して柔道整復師法で認められている範囲内で適切な施術を行い、その行った施術について、柔道整復師は、当該患者に対し、当該施術に係る施術費の支払いを請求することができます。

　交通事故に起因する外傷の治療の際も、これと同様に、施術費は患者から支払いを受けるというのが原則となります。

(2) 患者の損害賠償請求権

　他方、交通事故によって生じた損害は、損害の原因をつくった者（加害者）が、損害を被った者（被害者）に対して、その損害を賠償する責任を負います。

　交通事故によって生じる損害としては、通常、①治療費、②入通院関係費用（通院のための交通費や介護費用）、③休業損害（入通院のために仕事ができず、怪我をしていなければ得られたはずの収入が得られなくなったという損害）、④後遺障害の残存による逸失利益（身体に後遺症が残ったことで労働能力が喪失し、将来得られるはずの収入が減少したという損害）、⑤慰謝料（精神的苦痛）、⑥物損（修理代などの物的損害）などがあります。

　柔道整復師の施術を受けて柔道整復師に対して施術費を支払う必要が生じたというのは、上記のうち①治療費に分類されるものです。

　つまり、本来的には、患者はまず柔道整復師に対して施術費を支払い、その支払いに要した施術費について、交通事故に遭遇しなければ支払う必要がなかった治療費を支出したとして、その支出分を損害とみて、交通事故の相手方（加害者）に対して損害賠償請求していくということになります。

(3) 自賠責保険

　交通事故によって生じた損害の賠償請求は、民法上の原則からすると、被害者が、加害者に対して、交通事故が生じたことや加害者側に落ち度があること、それによって自身の損害が生じたことやその金額などを証明しなければなりません（民法709条）。

　しかし、交通事故は見ず知らずの相手方が起こした突発的な事態であり、しかも事故自体が一瞬のことでもあるので、事故態様を正確に把握することは難しく、その上、相手方の落ち度（脇見運転や居眠り運転などの各事実）を立証しなければならないというのでは立証のハードルが

相当程度高いものとなります。また、そのようなハードルをクリアして仮に勝訴判決を得たとしても、加害者に賠償金を支払うお金がなかった場合には現実的な支払いを受けることが困難となります。

　そこで、自動車損害賠償保障法（以下、「自賠法」といいます）では、交通事故を原因とする損害賠償請求は、立証責任を転換する方法で被害者側の立証負担を軽減しています（自賠法3条）。具体的には、交通事故によって人身損害が生じた場合、立証責任が加害者側に転換され、運行供用者のほうで次のことを立証する必要があり、その立証に成功した場合に初めて免責されるという構造になっているのです（自賠法3条ただし書）。

> ①　運行供用者および運転手が自動車の運行に関し注意を怠らなかったこと
> ②　被害者または運転者以外の第三者に故意または過失があったこと
> ③　自動車に構造上の欠陥または機能の障害がなかったこと

　このような構造のため、人身損害に関する損害賠償では、被害者は、自らに損害が発生したことおよびその額ならびに当該損害が当該交通事故から生じたといえる因果関係を証明すれば、事故の相手方に損害賠償責任が認められることになります。

　また、すべての自動車に加入が義務づけられている自賠責保険より基本的補償が受けられるようにするという仕組みが設けられています。この仕組みにより、損害賠償責任のうちの一定額につき、自賠責保険から賄われます。

（4）任意保険

　自賠責保険の支払額に上限がありますので、自賠責保険で賄えない部分の損害賠償責任をカバーしているのが、民間損害保険会社が提供している各種の任意保険です。任意保険への加入は自由ですが、自動車購入

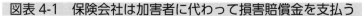

図表 4-1　保険会社は加害者に代わって損害賠償金を支払う

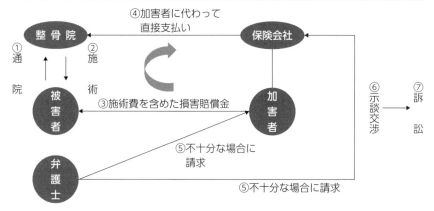

　の際などに加入が強く推奨されていて、現在では任意保険に加入するのが一般的です。

　このため、交通事故を原因とする損害賠償責任には、自賠責保険で補償しきれない場合は任意保険からこれに上乗せして支払う、という二重構造となっています。

　任意保険に加入している場合、交通事故が発生したときには、契約上、契約者は損害保険会社に事故発生を通知する義務があると定められているのが通常です。保険会社は、通知を受けて損害を調査し、加害者と被害者との間に入っての示談交渉、示談援助、請求手続の説明、保険金の支払い等を行います。

(5) 施術費の請求方法

　以上のとおり、交通事故を原因とする外傷の施術費は、①柔道整復師は患者に対して施術費支払請求権があり、②患者は交通事故の相手方に対して損害賠償請求権があり、③その損害賠償請求権は自賠責保険および任意保険で賄われるという構造になっています。

　では、患者はいったん柔道整復師に施術費の支払いをした後で相手方に対して損害賠償請求をしなければならないかと言うと、そうではありません。実際上は、施術を行った柔道整復師がその施術費を損害保険会社に請求し、患者を介さず直接その支払いを受けるという方法が採られています。

　これは、患者が損害保険会社に対して医療費や施術費の支払いを損害保険会社から医療機関・施術所に対して直接支払うよう支払指図するという方法がとられるためです。損害保険会社は、医療機関・施術所に対して支払いを行えばよいことになります。

　また、任意保険の損害保険会社から自賠責保険も含めて損害賠償額が支払われる一括払制度が採られており、任意保険の損害保険会社から自賠責分も含めてまとめて被害者に支払われます。

　したがって、実際上は、施術をした柔道整復師は、患者の交通事故の相手方が加入している任意保険の損害保険会社に対して施術料を請求します。

　任意保険は、民間の事業者である損害保険会社が扱っている営利商品なので、自賠責部分を超える支払いが生じる可能性があるケースでは、保険金の支払いをめぐるトラブルとなることがあり得ます。

4-2 算定基準の有無

Q 損害保険会社に対して施術費の請求（患者の損害賠償請求）を行う際、施術費を算定する基準はありますか？

A 療養費の場合と異なり、協定や規程上、遵守することを義務づけられる支給基準は存在しません。したがって、施術費の金額は患者との間で施術契約を締結する際、自由に定めることができます。もっとも、患者との間で合意した金額がそのまま加害者が負うべき損害賠償責任の範囲に含まれるかというと、必ずしもそのすべてが含まれるものではない可能性があることに注意が必要です。

解説

(1) 自賠責保険の支払基準

自賠責保険は、要するに、すべての自動車について加入を義務づけ、被害者が負った損害について、自賠責保険より基本的補償が受けられるようにするという仕組みです。人身損害に対する基本的な補償を確実に行うのが趣旨ですので、保険金等の支払いには支払基準が定められており（自賠法16条の3）、保険金額の上限があります。

具体的には、「自動車損害賠償責任保険の保険金等及び自動車損害賠

償責任共済の共済金等の支払基準」（平成 13 年金融庁・国土交通省告示 1 号）で支給基準が定められており、柔道整復等の費用については、「免許を有する柔道整復師、あんま・マッサージ・指圧師・はり師、きゅう師が行う施術費用は、必要かつ妥当な実費とする」と定められています。また、傷害の場合の保険金額の上限は 120 万円と設定されています（自賠法 13 条 1 項、自賠法施行令 2 条 3 号イ）。

　このように、自賠責保険の支払基準は「必要かつ妥当な実費」であるということと、上限が 120 万円であるという規定があるのみです。

　療養費の場合、健康保険からの支給が適正かという観点から、受領委任の取扱いにおける契約の中に算定基準が組み込まれ、支給対象、支給項目、支給基準などが細かくルール化されていました（**3-8** 参照）。これに対して自賠責保険は、算定基準がなく患者との施術契約において自由に金額を合意することができ、それが「必要かつ妥当な実費」だと評価されれば、自賠責から支払われることとなります。交通事故の施術費がいわゆる「自由診療」だといわれる理由がここにあります。

（2）損害賠償請求権の範囲

　もっとも、自由診療だとは言っても、交通事故の加害者から支払いを受けられるのは、あくまで相手方が負う損害賠償責任の範囲内にあるもののみです。治療費についていえば、当該交通事故によって生じた負傷結果に対して必要な治療を行ったことについての必要かつ相当な実費分のみとなります。不必要な過剰施術、濃厚施術、高額施術は、交通事故によって生じた負傷結果に対する治療とはいえず、交通事故とは相当因果関係のない施術であるとして、損害賠償請求権の範囲には含まれません。

　以上のとおり、交通事故を原因とする外傷に対する施術の施術費は、その金額設定自体は柔道整復師と患者との間の施術契約の締結の際に自由に設定することができるものの、その金額を交通事故加害者に対して

第 4 章　交通事故

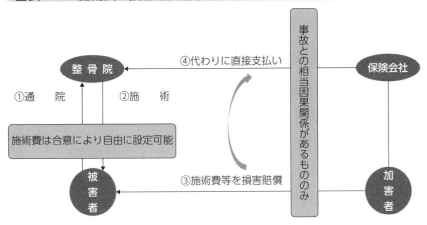

そのまま請求できるかというとそうとは限らず、**図表4-2**のように損害賠償請求できるのは、交通事故との相当因果関係が認められる損害の範囲内のみ、ということになるわけです。

4-3 損害賠償額の算定における裁判所の考え方

Q 交通事故と因果関係が認められる施術費の金額はいくらとなるのでしょうか？

A 一概に金額を示すことはできませんが、実際に算定をする上では何らかの基準によらざるを得ないという考えも理解できます。その場合、多くの柔道整復師が労災基準などを目安に算定しています。裁判官による解説（下記の解説参照）では、労災基準の1.5倍から2倍が上限ではないかと指摘されていることに留意しつつ、金額設定をする必要があります。

解説

　損害賠償請求できるのは、交通事故との相当因果関係が認められる損害の範囲のみです。

　この点については、通称「赤い本」とよばれる『民事交通事故訴訟損害賠償額算定基準』（公益財団法人日弁連交通事故相談センター東京支部発行。以下、本書中「赤い本」といいます）において、柔道整復師の施術費は、「症状により有効かつ相当な場合、ことに医師の指示がある場合などは認められる傾向にある」と解説されています。この「赤い本」は、交通事故を原因とする損害賠償請求事件の損害賠償額の算定にあたって、裁判官や弁護士が必ず参照する書籍です。この解説による

と、柔道整復師の施術費が交通事故の損害賠償責任の範囲に含まれるのは、「症状により有効かつ相当な場合」です。

この有効性（必要性）と相当性（合理性）について、過去の赤い本では、以下のとおり裁判官による解説がなされています（以下、引用部分中のタイトル番号と下線は著者によるもの）。

前述のとおり（**4-2**参照）、柔道整復師が損害保険会社に請求しているのはあくまで患者の損害賠償請求権の範囲内のものです。もし損害保険会社から任意の支払いが受けられず示談がまとまらないときは、最終的には、患者が原告となり交通事故の相手方（加害者）を被告として裁判所に対して訴えを提起し、裁判所の判断を求めることになります。

ですから、最終的な決着の見通しを踏まえて行動するのが合理的であり、患者のためでもあります。

そこで、交通事故を原因とする損害賠償請求事件の損害賠償額の算定における裁判所の基本的な考え方がどのようなものであるかを理解しておく必要があります。裁判所で認められないものに固執しても、それは患者に迷惑をかける可能性があるだけのことになってしまうからです。

(1) 近藤宏子裁判官（赤い本平成6年版129頁）

近藤宏子裁判官の講演では、医師の指示がある場合、原則として必要性、相当性が肯定され、医師の指示がない場合は、個々に医学的な必要性、合理性の立証が必要とされるという考え方が示されています。医学的な必要性、合理性の立証は容易ではなく、医師の協力等が得られなければ、事実上立証困難になると思いますので、この解説からは、患者の立証負担を考えた場合、原則として、施術の際にあらかじめ医師の指示を得ておくべきという結論が導かれるでしょう。柔道整復ではなく鍼灸を念頭に置いているなど、必ずしも柔道整復師の施術についての理解が十分でないように思う面もあるのですが、このように考える裁判官もいるし、それは決して少なくないという現実をご理解いただきたいです。

また、請求額については療養費における算定基準（**3-8**参照）の2

倍から 2.5 倍を超える部分については相当因果関係がないと考える裁判例が多いと指摘しており、そのように考えることが妥当であるとしています。

---

(1)　施術費の必要性・相当性

ア　医師による指示がある場合

　そもそも医師による診療行為は、高度な医学的専門知識と技術を用いて医師が患者の症状に応じて時宜を得た適切な治療を行うものであるから、治療方法の選択も当該医師の裁量が認められているので、治療行為として、マッサージ指圧按摩等の方法を選択することも、通常の場合、医師の裁量の範囲内であると認められる。<u>よって、医師による指示のある場合の整骨院等での施術費は、原則として相当因果関係の範囲内であると判断される。</u>

イ　医師による指示がない場合

　<u>医学的に必要性、合理性の立証ができれば相当因果関係が認められる。</u>

　東洋医学に基づく施術に共通する基本的な考え方としては、六臓六腑（一般にいわれる五臓六腑に心臓を 1 つ付け加えたもの）をつなぐ 14 本の気の流れ路を東洋医学で「経絡」と呼んでいるが、その経絡をなでる、さする、押す、もむ、経絡に影響を与えるツボを鍼、灸で刺激し、気の流れすなわち循環体系を整え、患部の鎮痛、消炎作用をおこさせ、痛みを和らげ、血の巡りを良くする等の効果が上がるといった考え方がある。

　このような施術は、一面では西洋医学と相通ずる点があると思われるし、他面では相容れない点もある。したがって、結局は、ある特定の傷害に対して、ある特定の施術の必要性、相当性が立証できるかどうかという問題に尽きることとなる。

---

(2) 医療行為の治療費の相当性

　報酬金額が社会保険における診療報酬算定基準額の2倍から2.5倍を超える部分については相当因果関係がないと考える裁判例が多い。

　整骨院等における施術行為についても、健康保険を使うことが可能であり、施術料の相当性についても、医療行為の場合と同様に社会保険における診療報酬算定基準額の2倍から2.5倍程度を超える部分については相当性を欠くとの裁判例があり、このように解することが妥当である。

---

(2) 片岡武裁判官（赤い本平成15年版322頁）

　片岡武裁判官の講演では、医師による診断と柔道整復師による施術の違いを分析し、それを踏まえてより明確に、原則として医師の指示が必要、という姿勢が打ち出されています。また、医師の指示の有無にかかわらず、①施術の必要性、②施術の有効性、③施術内容の合理性、④施術期間の相当性、⑤施術費の相当性の5つの要件が必要とされ、医師の指示があった場合、このうちの①施術の必要性を満たすという整理がされています。

(1) 東洋医学の施術費を損害として請求できる要件

　第1に、原則として、施術を受けるにつき医師の指示を受けることが必要である。なぜなら、受傷の内容と程度につき医師による診断等の必要性があるし、施術には限界があるほか、施術効果の判定にも困難さがあるからである。しかし、東洋医学に基づく施術については、西洋医学的治療より効果的な臨床例もあるし、施術内容には整形外科の治療の代替機能もある。また、施術の利便性（かかり易さ）、地域の実情等患者側の事情を考慮すると、医師の指示がなくとも施術を認めるべき場合もあると考える。

　第2に、施術につき医師の指示があるかないかを問わず、次の要件を満たす必要がある。

ア　施術の必要性

　施術を行うことが必要な身体状況にあったということである。各施術が許される受傷内容であることや、従来の医療手段では治療目的を果たすことが期待できず、医療に代えてこれらの施術を行うことが適当である場合、または西洋医学的治療と東洋医学に基づく施術とを併施することにより治療効果が期待できる場合でなくてはならないと考える。医師の指示がある場合には、通常、この要件は満たしているとみてよいであろう。

イ　施術の有効性

　施術を行った結果、具体的な症状緩和の効果が見られるということである。

ウ　施術内容の合理性

　施術が、受傷内容と症状に照らしたとき、過剰・濃厚に行われていないか（症状と部位との一致、施術内容が適正に行われているか）を検討する必要がある。

エ　施術期間の相当性

　受傷の内容、治療経過、疼痛の内容、施術の内容およびその効果の程度等から、施術を継続する期間が相当であることである。

オ　施術費の相当性

　報酬金額が社会一般の水準と比較して妥当であることが必要である。

(2)　医師の指示が原則として必要であると考える理由
ア　医師による診断の必要性

　患者の健康状態に関し医学的見地から行う総合的判断は、医師しかできない。すなわち、医師は、専門的知識と経験に基づき、個々

の患者の個体差を考慮しつつ、変化する病状に応じて治療を行う。しかし、頸部に捻挫が存在するとの柔道整復師の判断はレントゲン診断等に基づく確定的な判断によるものではなく、その病状が他の疾病によるものである可能性を除外するものではないし、医学的な因果関係の有無の判断を含まないものである。

イ　医師による治療の必要性

整形外科の治療、特に捻挫に係る診断学、手術療法、装具療法等は、近年急速に進歩しており、外観上は単なる捻挫と思われるものであっても、筋や腱が断裂している場合があり、速やかな外科的手術が必要なときもある。他方、柔道整復師は、外傷による身体内部の損傷状況等を的確に把握するためのレントゲン、MRI 検査ができない。

ウ　施術効果の判定の困難性と限界

施術には、筋麻痺の緩和効果等の対症効果があるとしても、施術の手段・方式や成績判定基準が明確でないため、客観的な治療効果の判定が困難である。また、柔道整復師は、医師と異なり、外科手術、薬品投与等が禁止されるなど（柔道整復師法 16 条）、施術は限られた範囲内でしか行うことができない。

エ　施術自体の多様性

施術者によって施術の技術が異なり、施術方法、程度が多様である。

オ　施術の問題点

重篤な器質的損傷が見落とされている危険がある。

さらに、2 つ目の要件である施術の有効性の立証手段として、現状では、痛みについて患者の認識を用いるのでもやむを得ないという見解が示されています。そうだとすると、柔道整復師としては、患者に対して

痛みに関する認識を問診により明らかにし、可能な限り、痛みを客観的または視覚的に理解する工夫をし、しかもその回答要旨を施術録などに記録化しておくことが重要となります（**4-6** 参照）。

（3）　施術の有効性

施術により治療効果が上がっていることを立証するためには、本来は、一定期間ごとに医師の診断を受け、サーモグラフィー、筋電図およびシンチグラフィー等の検査を行い、疼痛の原因を精査し、施術の効果を検証する必要がある。しかし、現状では、医師が患者に対し、治療の一環として東洋医学に基づく施術を利用することを勧めたり、あるいは、指示するということは考えにくい現況にあるし、上記の各検査方法を実施できる病院にも限りがあるので、常に上記の検査を受けることを求めるのも現実的ではない。したがって、痛みはこれを感じる患者の主観的体験であり、どの程度緩解すれば自制内といえるか判然としないものの、施術による症状が緩解していることが立証できるのであれば、治療効果が上がっていると認めてもよいものと考える。

施術期間の目安としては、算定基準における取扱い（**3-8** 参照）および整形外科の見解に基づき、施術期間として相当と認められる期間は6カ月を一応の目安だとしています。損害保険会社から施術から3カ月が経ったタイミングや6カ月が経ったタイミングで支払い打切りの打診があるのは、このような見解が背景事情として存在するからです（**4-8** 参照）。

（4）　施術期間の相当性

ア　健康保険の取扱い（昭和61年6月6日保険発第57号）

打撲、捻挫に対する施術が、初検の日から3か月を超えて継続する場合は負傷部位、症状、施術の継続が必要な理由を明らかにした理由書を療養費支給申請書に添付するものとされている。

イ　整形外科医からの意見

　整形外科医は、むち打ち損傷等については、治療（施術）期間を区切る必要があり、同期間としては 1 か月、長くとも 3 か月とみるのが相当であるとしている。すなわち、整形外科医は、骨折や脱臼がなく、脊髄症でも神経根症でもないむち打ち損傷については、医学的にみて 3 か月程度で、急性期、亜急性期を経て治癒ないし症状固定に至るとされ、頚椎捻挫型の 80％は、1 か月以内に治癒し、重症例でも 3 か月以内に軽快するのがほとんどであると論述している。したがって、そのような前提に立った場合は、3 か月が経ってもまだ通院して治療を受けなければならない状態にあるというのは、その治療が外傷の本質的治癒にとってさして効果が上がっていないことを示しているともいえる。

ウ　結　　論

　施術期間は、初療の日から 6 か月を一応の目安と考える。しかし、6 か月を超えたからといって一律に打ち切るものではなく、受傷の内容、治療結果、疼痛の内容、施術効果等の観点から、施術の必要性の立証ができれば、これを超える期間についての施術を認めるべきである。

　施術費の算定方法としては、労災保険の支給基準をベースに考える保険基準説と、施術費総額の何割かという限度で認めるという割合説が紹介されています。

(5)　柔道整復師の施術費の算定基準

　柔道整復師の施術費の算定基準としては、2 つの方向がある。

ア　いわゆる保険基準説

　第 1 に、前に述べた平成 5 年の通知で示され、平成 7 年に撤回されたとされる、それまでの自賠責保険の取扱いを基本とし、モノおよび技術は、労災料金の 1.5 倍から 2 倍の上限の目安としたら

どうかと考える。なぜなら、柔道整復師の施術は専ら徒手整復によるものであり、施術者によって施術の技術も異なり、施術の内容も多様であるから、施術者の技能の差はそのまま集客数と料金の多寡に関連することになるし、交通事故の特殊性等を綱領すると、労災料金を基礎としつつも、ある程度の幅を持たせる必要がある。

イ　いわゆる割合説
第2に、施術の期間、料金、施術の必要性等の事情を斟酌して、施術費総額の何割の限度で認めるという考え方もある。裁判所が、独自に健康保険と労災保険が定めるような施術料金算定基準を策定するのは、手続的にも内容的にも難しいものがあるし、事案にもよるが、各施術内容を検討し労災料金を基に計算することは煩瑣である。柔道整復師による施術費を認める裁判例においても、施術費の何割の限度で認めるという考え方を採用しているものがある。

(3) 吉岡透裁判官（赤い本平成 30 年版 27 頁）

　吉岡透裁判官の講演でも、上記 **(2)** の片岡裁判官によって提唱された①施術の必要性、②施術の有効性、③施術内容の合理性、④施術期間の相当性、⑤施術費の相当性の5つの要件が必要になることが確認されています。この吉岡裁判官の見解では、医師の指示は、5要件のうちの①施術の必要性および②施術の有効性の存在を強く推認させる事実になると整理されています。

(1)　施術費の請求が認められる要件（その1）
ア　施術が症状固定までに行われたものであること
イ　施術録に記載された施術が現になされたこと

(2)　施術費の請求が認められる要件（その2）
ア　必要かつ相当な施術行為であること

【必要性】
① 施術の必要性
　施術を行うことが必要な身体状況にあったこと
② 施術の有効性
　施術を行った効果として具体的な症状の緩和が見られること
【相当性】
③ 施術内容の合理性
　施術が、受傷内容と症状に照らし、過剰・濃厚に行われておらず、症状と一致した部位につき、適正な内容として行われていること
④ 施術期間の相当性
　受傷の内容、治療経過、疼痛の内容、施術の内容およびその効果の程度等から、施術を継続する期間が相当であること
⑤ 施術費の相当性
　報酬金額が社会一般の水準と比較して妥当なものであること

イ　医師の指示がある場合、ない場合

　医師が患者に対して整骨院での施術を受けるように指示している場合には、資格を有する医師が患者の治療方法の一つとして柔道整復師による施術を積極的に選択したことを意味しているから、特段の事情がない限りは、①施術の必要性、②施術の有効性があることを強くうかがわせる事情になる。

　もっとも、①施術の必要性、②施術の有効性は、必要かつ相当な施術における必要性に対応するものであるから、医師が整骨院の施術を指示していれば、当然に施術費の全額が請求できるわけではない。これに加えて、必要かつ相当な施術における相当性に対応する③施術の合理性、④施術期間の相当性、⑤施術費の相当性が認められるかが検討されなければならない。

　医師の指示がなかったとしても、①施術の必要性、②施術の有効性について具体的な主張・立証がされたのであれば、さらに、③施

術の合理性、④施術期間の相当性、⑤施術費の相当性が認められる場合には、施術費が交通事故による損害と認められる。

　また、施術期間については「6カ月」というのは④施術期間の相当性に関する一見解であるに過ぎず、その前提として、①施術の必要性や②施術の有効性が存在していることが必要とされています。
　そして、「事故直後から頻回に、場合によってはほぼ連日整骨院に通院し、施術内容も施術頻度もあまり変わらないにもかかわらず、6カ月を経過したとたんに整骨院の通院を止め、きっかり6カ月分で、かつ、整形外科における治療費の何倍にも上るような高額な施術費を請求している」という事実は、それ自体、施術経過の不自然さが際立ち、むしろ、①施術の必要性や②施術の相当性の存在に疑問を生じさせることもあり得るということになるとされています。

　ウ　問題のある事案
　交通事故の被害者において、事故直後から頻回に、場合によってはほぼ連日整骨院に通院し、施術内容も施術頻度もあまり変わらないにもかかわらず、6か月を経過したとたんに整骨院の通院を止め、きっかり6か月分で、かつ、整形外科における治療費の何倍にも上るような高額な施術費を請求するといった事案が散見される。
　しかし、6か月というのはあくまで一応の目安であり、④施術期間の相当性は、必要かつ相当な施術における相当性を判断する考慮要素の一つにすぎない。④施術期間の相当性について一応の目安は満たすとしても、施術内容も通院頻度もあまり変わらず、6か月を経過したとたんに整骨院の通院を止めていることから、施術を行うことが必要な身体状態にあったとか、施術効果が上がったとは見ることができないとして、①施術の必要性、②施術の有効性に問題があると判断されることもあり得る。
　また、頻回に通院していることから、受傷内容と症状に照らし、

施術が過剰・濃厚に行われているとして、③施術の合理性に問題があると判断されることもあり得る。

　さらには、施術費が高額であることから、⑤施術費の相当性に問題があると判断されることもあり得る。

　要件⑤の施術費の相当性については、裁判実務においては割合説が合理的ではないかという見解が述べられる一方、健康保険や労災保険の場合の基準をも斟酌し、自由診療である交通事故における施術費の請求金額が、社会一般の水準と比較して妥当か否かが判断されることになると示されています。

　つまり、交通事故の場合でも、事実上、療養費の支給基準（**3-8** 参照）や、労災保険の算定基準（**5-2** 参照）などが一定のものさしとしての役割を果たすことがあるということになります。

（3）　必要かつ相当な施術行為の費用と認められない場合の損害の範囲

ア　保険基準説

　施術費について、労災保険料金の 1.5 倍から 2 倍を上限の目安にするという考え方である。

　また、これと類似する考え方として、労災保険の算定基準ではなく、それよりも低額な健康保険の算定基準を用いるのが相当とするものもある。

イ　割合説

　施術の期間、料金、施術の必要性等の種々の事象をしん酌して、施術費総額の何割かという限度で認めるという考え方である。

（4）　小括

　保険基準説による処理は、整骨院の施術録の「施術内容」欄およびこれに対応する「金額」欄を健康保険ないし労災保険の算定基準

に引き直すという主張・立証がなされることを前提としているが、かかる主張・立証は、現実には加害者側にとっても相当煩雑であり、負担が大きいのではないだろうか。保険基準説による処理をした裁判例が少数にとどまっていることは、このような現実の主張・立証の負担の大きさが反映しているものと思われる。

これに対し、割合説による処理は、このような現実の主張・立証の負担を強いることはないし、施術費の割合認定を裁判官の裁量的な判断にかかわらせており、実情に即した柔軟な解決を可能にさせるという利点もあることから、裁判例の多くを占めていると考えられる。

このような裁判実務の現状をふまえれば、整骨院における施術費を自由診療によって請求した場合に、そのこと自体で直ちに保険基準を参照して施術費を制限するというような基準を立てることは、考えにくい。

もっとも、割合説による場合には、損害として請求できる施術費の割合を具体的に認定するにあたり、施術の期間、料金、施術の必要性等といった種々の事情をしん酌するとされている。

たとえば、健康保険基準によると、近接部位については１部位として算定される結果、２部位の請求にとどまるのに対し、自由診療にはこのような近接部位による制限はないとして４部位の請求がされているような場合には、全く同一の施術がされたにもかかわらず、自由診療によると健康保険基準による請求額の単純に２倍の額が請求されることになる。

このような事情は、自由診療による施術費が社会一般の水準と比較して妥当なものとするには疑問を生じさせる事情といえるから、割合説による場合であっても、この点につき具体的な主張・立証があれば、割合を認定するにあたってしん酌できる事情であると考えられる。

(4) ま と め

　実際に施術費をどう算定するかという場面においては、実務上、何らかの基準によらざるを得ないのが一般的で、多くの柔道整復師の方が労災料金等を目安に算定していることが多いように思います。その場合、裁判官の解説によれば、労災料金の 1.5 倍から 2 倍を上限の目安とするのが妥当だとされています。

4-4 交通事故と柔道整復師の接点

Q 交通事故で負傷した患者に対する施術において、どのような点に注意すればよいでしょうか？

A 柔道整復師が行う施術は、交通事故によって生じた損害の賠償項目のほとんどすべてに関係してきますので、患者が損害賠償請求を円滑かつ確実に行うことができるよう心掛けるとよいでしょう。

解説

(1) 通常の進行

交通事故により負傷した被害者は、病院や整骨院等に通院して治療を受けます。そしてその支払いについては、柔道整復師の施術の場合、柔道整復師が患者の事故の相手方が契約している損害保険会社に対して施術証明書を提出する方法で支払いを受けます（**4-1** 参照）。

このとき、提出した施術証明書どおりの支払いが受けられればよいのですが、相手方の損害保険会社が支払わないと否認してきたときは、患者は、相手方との間で示談交渉を行う必要が生じます。

示談が成立すれば示談金等を受領し、あるいは施術をした柔道整復師に対する支払いが行われ、解決となります。しかし示談が成立しなけれ

ば、患者は、訴訟等の法的手続への移行を検討することになります（図表4-1参照）。

(2) 法律相談の勧め

　一般的に、示談交渉が不成立となった段階で弁護士に相談するケースが多いように見受けられますが、弁護士への相談はできるだけ早期にしていただいたほうがよいです。通院の仕方なども含めて、状況に応じた適切な助言が可能となるからです。したがって、患者に対しては、少しでも疑問・質問があるようなら遠慮なく弁護士に相談するようアドバイスしてください。最近では、患者が加入している任意保険によっては弁護士費用を保険で賄うことができる弁護士費用特約を締結していることが増えているのですが、患者が契約内容を失念していたりする例も少なくないので、保険内容を確認してみてはどうかという点もアドバイスしてください。

(3) 損害賠償項目と柔道整復師の接点

　交通事故によって生じる損害としては、前述のとおり（**4-1**参照）、通常、①治療費、②入通院関係費用、③休業損害、④後遺障害の残存による逸失利益、⑤慰謝料、⑥物損などがあります。
　柔道整復師の施術は、このうち①治療費に分類されるものですが、それ以外の損害項目とも接点があります。

①　入通院関係費用

　入通院関係費用としては、例えば、施術所までの交通費が挙げられます。これは、患者が相手方の損害保険会社に請求するものですが、柔道整復師としては、タクシーや駐車場などの領収証をなくさないよう注意してあげると親切でしょう。

② 休業損害

　勤務先を休んで施術所に通院し、その間の賃金が得られなくなったというのが休業損害です。これも、患者が相手方の損害保険会社に休業損害証明書を提出して請求するものですが、患者の勤務先が休業損害証明書を作成する際、施術所への通院日を確認する必要が生じる可能性があります。したがって、施術録などに日付を記録しておく必要があるでしょう。

③ 後遺障害

　事故態様や受傷の内容・程度などにもよりますが、交通事故から概ね6カ月間を経過しても症状が治療しない場合、残っている症状が身体に固定したものと扱います（**4-3** 参照）。それによって、本来、交通事故に遭わなければ稼働できた労働能力が一部失われたものとして、その喪失分を損害と見て、将来得られたはずの収入が減ったという収入の減少分を損害として扱うことになります。この身体に症状が残った状態を「症状固定」といい、症状固定時に身体に症状が残っていて、これにより労働能力が失われた状態のことを「後遺障害」といいます。

　後遺障害の有無が問題となる事案では、多くのケースでは、その存否や内容、損害賠償の範囲などで争いが生じることが多く、弁護士に委任する必要性が高いケースが多いです。

　後遺障害の等級認定においては、柔道整復師が作成した施術証明書も判断のための資料となります。施術費の算定だけでなく、後遺障害の等級認定にも使われる資料なのだという意識をもって、客観的かつ詳細な記載を心掛けていただきたいところです（**4-6** 参照）。

④ 慰　謝　料

　交通事故における慰謝料には、大別して、入院・通院を継続したこと

による精神的損害である入通院慰謝料と後遺障害が生じたことによる後遺障害慰謝料との2種類があります。

　入通院慰謝料の金額は、入通院日数を赤い本の別表Ⅰにあてはめて算出します。むち打ち症で他覚症状がない場合には、別表Ⅱにあてはめます。ただし、通院が長期にわたる場合は、症状、治療内容、通院頻度を踏まえ、実通院日数の3.5倍程度を通院期間の目安とすることもあります。傷害の部位、程度によっては、慰謝料額を20%～30%程度増額します。

　このように、基本的には通院が長くなるに応じて入通院慰謝料の金額も高くなるので、通院期間・回数を証明できるよう施術録に記録しておく必要があります。

　後遺障害慰謝料は、後遺障害の等級認定によって概ね金額が定まるので、患者の容態が正しく判定されるよう、客観的な資料を調えておく必要があります。患者代理人となる弁護士や相手方保険会社などから、資料の閲覧請求などがなされる可能性もありますので、そういうこともあり得るという前提で、資料を整理、保存しておく必要があります。

4-5 初検時の注意点

Q 交通事故で受傷した患者の初検時に注意すべき
点は何でしょうか？

....

A 通常の場合と同様、受傷に至る経緯や容体など
を聴取することになりますが、交通事故の場合
特有の注意点があります。特に、可能な限り医
師の指示の下で施術を行っているというかたち
をつくるべきと考えます。

解説

（1）交通事故態様の聴取

交通事故の場合も、通常の施術のときと同様、まず、負傷の日時、場
所、状況を聴取することになります。

この時、交通事故を起因とする負傷と判明しますので、事故態様の詳
細を聴取することになります。四輪車同士の事故なのか、四輪車と歩行
中の事故なのか、速度はどれくらい出ていたかなどによって、推察され
る負傷の程度は様々となるはずですので、事故態様に関する聴取は、自
ずと相当程度詳しく行う必要があるはずです。

聴取時、患者が交通事故に関する書類を所持している場合には、それ
を見せていただくのも事故態様を客観的に把握する方法の一つです。特
に、「交通事故証明書」や損害保険会社に提出する「事故発生状況報告

書」などは、事故状況をスムーズに把握できる資料となりますので、患者に持っているかを聞いてみるとよいでしょう。

（2）相手方の保険加入状況の聴取

次に、交通事故の相手方が任意保険に加入していたかを聴取することになります。任意保険に加入していた場合、今後の施術費について、当該損害保険会社とやりとりすることになるからです（**4-1** 参照）。

多くのケースでは、交通事故の相手方が任意保険に加入している場合、施術所への来院よりも前に当該損害保険会社から患者宛てに一報が入っていることが多いため、患者に対しては、「相手方の保険会社から連絡が来ていますか？」などと聞くと、やり取りがスムーズになると思います。

そして、任意保険に加入していた場合、会社名、担当者名、住所、電話番号などを聴いておきます。患者は、当該損害保険会社から通院状況を尋ねられますので、その際は、当院に通院中である旨伝えておいてもらうよう依頼しておくとスムーズです。

（3）通院歴の聴取

その上で、医療機関その他での通院歴の有無を聴取します。通院歴があれば、診断名、治療部位、通院期間などを聴取します。

医療機関における診断内容と柔道整復師が行った施術内容とに矛盾、齟齬がある場合、当然相手方保険会社から、どうしてなのかが問われますので、施術の前提として通院歴等を聴いておく必要があります。

（4）医療機関への受診指示

そして、柔道整復師自身の見立てがこれまでの通院歴における診断名等と異なる場合、患者に対して改めて医療機関を受診するよう指示した

上で施術を実施すべきと考えます。

　なぜなら、柔道整復師の施術費が損害賠償の対象となるのは、それが「症状により有効かつ相当な場合、ことに医師の指示がある場合などは認められる傾向にある」からです（**4-3** 参照）。

　つまり、柔道整復師として施術を有効かつ相当だと判断して行うべきか否かの判断は、もちろん各柔道整復師が行うべき事項ですが、その施術費を事故の相手方が負担するか否かは、医師の指示がある場合は認められる傾向にあるけれども、それがない場合、個別に、症状に有効かつ相当であることを立証する必要があるからです。

　施術費を誰が負担するかは、それが損害賠償の範囲に含まれるか否かによって変わってきます。損害賠償の範囲に含まれるのであれば事故の相手方となり、含まれないのであれば患者の負担となります。そして、損害賠償の範囲に含まれるか否かについて争いがある場合には、最終的には裁判所に判断を求める必要があり、そこでは患者自ら柔道整復師の施術費が損害賠償の範囲に含まれることを立証しなければなりません。

　この場合、柔道整復師ができるのは、施術が「有効かつ相当」であるという証拠を患者に対して提供することです。したがって、施術にあたって施術録を作成し、施術が「有効かつ相当」と判断した根拠等を記録化することは当然のこととして、患者の真の便宜を考えたときには、医療機関の診断という証拠を得られるよう指導するのが適切といえるでしょう。

　仮に柔道整復師は施術が必要と判断して実施したとしても、後の損害賠償請求において相手方負担が否定された場合、施術費は最終的に患者が柔道整復師に支払うべきものとなります。患者に「自己負担となるなら施術をしてもらわなければよかった」という思いをさせてしまうおそれがあるのです。このような事態を避けるためにも、初検時に医療機関への受診を積極的に促す姿勢が肝要なのではないかと思います。

(5) まとめ

　整理しますと、自身の見立てが通院歴における診断名等と異なった場合、まずは改めて医療機関での受診を指示すべきです。診察の結果、自身の見立てと同様の診断が得られ、「医師の指示」に従って柔道整復師の施術を受けるということになれば、その施術費は損害賠償の範囲に含まれると判断される可能性が高くなります。仮に患者に医療機関を受診できない等の事情がある場合は、施術の要否は各柔道整復師の職責に従って判断し、患者に対して損害賠償の範囲に含まれるか否かの争いになる可能性があることを知らせるとともに、柔道整復師においては、施術が「有効かつ相当」であるという証拠を可能な限り万全に整えておくことが求められるということになります。

4-6 「施術証明書・施術費明細書」の作成上の留意点

Q 自賠責の「施術証明書・施術費明細書」を作成する上でどのような点に注意すればよいでしょうか？

A 施術費が損害賠償の対象となることを判断する説明資料であり、また、後遺障害の等級認定にも影響を与える重要な書類であることに留意して作成する必要があります。

解説

　柔道整復師の施術費は、「症状により有効かつ相当な場合」に損害賠償の範囲となります（**4-3** 参照）。施術証明書・施術費明細書は、この有効性・相当性を根拠づける資料となります。「施術を行ったのだから、その施術費は加害者側の損害保険会社から自ずと支払われる」というものではなく、有効性・相当性が根拠づけられて初めて支払われるもの、と理解することが重要です。

　損害保険会社が有効性・相当性を否認してきた場合、それに対して反論をしていくのは患者の負担となります。したがって、可能な限り否認されない説得力のある内容とすることを心掛けるべきです。

　また、施術証明書は治療経過自体を表す資料でもありますので、通院慰謝料や後遺障害の有無の判定にあたっても参照されることになります。患者の主訴と柔道整復師が行った施術内容に矛盾があったり、記載

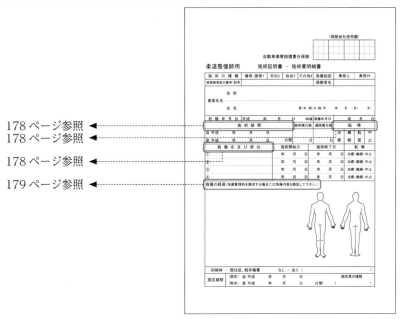

178 ページ参照 ◄----
178 ページ参照 ◄----
178 ページ参照 ◄----
179 ページ参照 ◄----

内容に前後で矛盾があったり医療記録との間で齟齬があったりすると、通院慰謝料の必要性や後遺障害の存在について、否定的な見解の理由づけに使われてしまう可能性があります。

　以下、特に留意すべき点を取り上げます。

(1)「施術期間」欄

　施術証明書・施術費明細書は、1カ月ごとに提出するのが原則となりますので、施術期間も1カ月ごとに記載します。

(2)「転帰」欄

　「転帰」とは、負傷に対して治療を行った際の経過や結果のことです。

　「治癒」とは、交通事故によって生じた負傷結果が完治したことを意味します。すなわち、交通事故に遭う前の状態に生理的機能が戻ったということです。したがって、「治癒」に○がつけられている場合、交通事故で発生した負傷結果について、施術を行った結果、改善に至ったものと認識され、後遺障害はなかったのだという捉え方がなされますので、注意が必要です。

　「継続」とは、引き続き治療を継続する予定であることを意味します。

　「転医」とは、医療機関にかかることを勧めた場合や医療機関で治療を行うことになった場合に使用します。

　「中止」とは、治癒でもなく転医でもないが、今後、施術をする予定がなくなった場合に使用します。例えば、治癒していないが引越し等により他の施術所にかかることになった場合などが考えられます。

(3)「負傷名及び部位」欄

　すべての負傷箇所につき、負傷名および部位を正確に記載します。

(4) 「負傷の経過」欄

　「負傷名及び部位」欄に記載した内容が、いつ、どこで、どのように生じたものかを具体的に記載します。施術費が損害賠償の範囲に含まれるといえるためには、柔道整復が「症状により有効かつ相当」だと認められる必要がありますので、有効性・相当性があると判断した理由が、具体的かつ客観的に記載されている必要があります。

①　柔道整復の必要性・有効性ありと判断した過程を記載すべき

　このとき、単に「疼痛を訴える」という主訴のみが記載されている例が比較的多く見られます。しかし、これだけでは単に患者が痛いと言っているから施術をしたとしか読めません。実際には、柔道整復が必要、有効だと判断した理由はそれだけではないはずで、柔道整復師として認められた範囲内での各種検査を行って、柔道整復の必要性・有効性ありと判断したはずです。その判断過程を記載すべきで、検査を行った場合、その内容と結果などを記載することになります。

　なお、交通事故による負傷の際によく出てくる、「関節可動域表示ならびに測定法」や「臨床徒手検査法」については、『柔道整復学・理論編（改訂第5版)』（社団法人全国柔道整復学校協会監修）に記載がありますので、参照してください。

②　施術効果は「数値評価スケール」を用いるなどの工夫をして記載すべき

　また、漫然と「痛みは徐々に軽減している」との記載も散見されます。しかし、これだと、どういう痛みが、どの程度軽減したのかがわかりません。そこで、「痛み」を可能な限り客観化する「数値評価スケール」（Numeric Rating Scale）を用いるなどの工夫をすべきです。NRS は、痛みを、「0：痛みなし」から、「10：これ以上ない痛み」までの 11 段階に分け、痛みの程度を数字で選択する方法です。痛みの評

価ツールとして国際的に認められている評価手法で、施術録にこれを評価の都度記載していけば、自ずと痛みに対する患者の認識を数値化でき、その変化を追っていくことが可能となります。

(5) 提出時の留意点

　施術証明書の提出は、原則として1カ月月ごとに行います。

　これは、損害保険会社が月ごとに治療状況を把握し、損害賠償の範囲に含まれるか否かを検討するからです。まとめて数カ月分を請求すると、その全部または一部を否認される余計なリスクを高めますし、否認された場合に困るのは立証責任を負う患者ということになり、患者に迷惑をかけてしまいます。

4-7 損害保険会社独自の目安表

Q 損害保険会社から支払金額の目安表が送られて
きたのですが、これに従わなければならないで
しょうか？

A 必ずしも従う必要はありませんが、請求が否認
されるリスクがあることを患者に十分説明した
上で、患者との間で施術費を決めるべきです。

解説

(1) 目安表に拘束力はない

　損害保険会社によっては、「これで計算してください」などと、支払
金額の目安表を送ってくる場合があります。この目安表は、損害保険会
社が考えている損害賠償額を提案してきたという意味を有するに過ぎま
せん。つまり、目安表で示された金額の範囲内であれば、通常、否認す
ることなく支払いを行いますということです。したがって、目安表自体
には何ら拘束力はなく、目安表によることなく金額を設定し、その金額
での請求をしていくことに何ら問題はありません。あくまで、柔道整復
師の施術費は、「症状により有効かつ相当な場合」には損害賠償の範囲
に含まれるからです（**4-3** 参照）。

　なお、自動車保険料率算定会（現在の損害保険料率算出機構）が出し
た「自賠責保険における治療関係費（柔道整復の費用）の支払いの適正

化」（平成5年8月2日付）という文書で、労災保険の算定基準に準拠した支払基準が示されていたこともありますが、これも個々の施術に対する拘束力が認められるものではなく、しかも平成7年に撤回されています。

(2) 柔道整復師が留意すべきポイント

　柔道整復師として留意すべきは、目安表によらずに施術費の金額を設定し、それが損害保険会社に否認されたときの対応です。あくまで、損害賠償請求の範囲内にあるという主張を行っていくのは患者です。そして、患者の立証手段は、柔道整復師が作成し、損害保険会社に提出する施術証明書・施術費明細書や施術録などです。

　したがって、柔道整復師の側として検討しなければならないのは、「症状により有効かつ相当な場合」に該当するという説明を上記資料から行うことができるか、患者は否認された場合に起こり得る事態を十分に理解した上で柔道整復師が設定した施術費に同意しているか、といった点です。これらの検討や説明が不十分だと、否認された場合に患者からのクレームになってしまうおそれがあるので注意が必要です（**4-4**参照）。

4-8 打切りの示唆があった場合の対応

Q 損害保険会社から、そろそろ支払いを打ち切るといわれました。これに従わなければならないでしょうか？

A 従う必要はありません。施術継続の必要性・相当性を柔道整復師の職責で判断してください。もっとも、施術の必要性・相当性を証明しなければならないのは患者であるという点に留意してください。

解説

(1) 打切りの示唆は損害保険会社からの質問・提案に過ぎない

損害保険会社は、初診の後、1カ月、3カ月、6か月などのタイミングで施術費の支払いの終了を示唆してくることがあります。これは、裁判で施術の必要性・相当性が認められる期間は通常6カ月という考え方が示されていることなどによるものです（**4-2**参照）。

つまり、損害保険会社としても、裁判所の見解に則り、6カ月が経過した時点で治癒または症状固定ではないかといったん考え、治癒しているのであれば治療を終了し、症状固定の場合は後遺障害として損害を捉えるべき、と考えているわけです。

しかし、当然のことながら損害保険会社に診断権はありません。あくまで交通事故による損害としての損害賠償の必要性はそろそろないと判断してよいのではないか、という質問をしてきているに過ぎません。

　また「6カ月」とは、裁判官の解説でも指摘されているとおり（**4-3**参照）、あくまで一つの目安に過ぎません。施術の必要性・相当性が認められれば、6カ月を経過した後の施術費も損害賠償の対象に含まれることがあります。

(2) 患者とよく協議をした上で損害保険会社に対して根拠を示し、治療を継続することができる

　したがって、専門家である柔道整復師として施術の必要性・相当性がまだ存在すると判断するのであれば、引き続き治療を継続すべきでしょう。もっとも、施術の必要性について損害保険会社から疑問を持たれている状況なので、そのまま施術を強行しても、施術費の支払いは否認されてしまいます。患者ともよく協議をした上で改めて治療方針を検討する必要がありますし、仮に治療を継続するのであれば、損害保険会社に対して根拠を示し、これまで以上に「症状により有効かつ相当」である旨を説明する必要があります。

(3) 感情的になるのは無意味

　損害保険会社の担当者は様々ですが、感情的になるのは得策ではありません。また、「資格もないのに柔道整復師の施術に口出ししてきている」と受け取るのも、やや筋違いと言わざるを得ません。

　損害保険会社は純然たる営利企業ですので、理由のない支払いをすることはできません。そこで、裁判所の解説などの一般的見解に従って、そろそろ治癒や症状固定になるのではないかと言ってきているに過ぎず、立場上、当然の行為といえます。

　重要なことは、施術の必要性・相当性が客観的に説明できるか否かです。説明できると判断し、かつ患者も納得しているのであれば、堂々と治療を継続しましょう。

4-9 医師の同意書

Q 損害保険会社から、医師の同意書がないと施術費を支払えないといわれました。どうすればよいでしょうか？

A 医師の同意書が必要な理由を問い合わせてみるべきです。施術の必要性・相当性に疑問を持たれている状況にある場合、各種検査結果や施術証明書の記載などから、施術の必要性・相当性を証明できるか検討すべきです。

解説

(1) まずは「医師の同意書が必要だ」とする根拠を問い合わせてみる

　脱臼・骨折の場合には、応急手当であるときを除き、医師の同意がなくては施術をすることはできませんので（柔道整復師法17条）、医師の同意書は、自ずと必要になります。

　しかし、それ以外の場合、施術をするのに医師の同意書が必ず必要というわけではありません。

　そこで、まず「医師の同意書が必要だ」とする根拠を問い合わせてみるべきです。「柔道整復師の施術費は、医師の同意がない限り保険で支払う必要がない」と誤解をしている損害保険会社の担当者も、稀にです

が存在します。誤解である場合、根拠を示しつつ、誤りを解くよう説得しましょう。

(2) 施術の必要性・相当性に疑問を抱かれている場合の対応

　問題は、施術の必要性・相当性に疑問を抱かれている場合です。施術費が損害賠償範囲に含まれるのは、「症状により有効かつ相当な場合、ことに医師の指示がある場合などは認められる傾向にある」なので（**4-3** 参照）、提出した施術証明書だけでは施術の必要性・相当性が肯定できず、必要性・相当性を証明するために医師の同意書が必要だという文脈でこのような発言がなされている可能性があります。

　この場合、施術費が損害賠償の対象に含まれるための要件は「症状により有効かつ相当な場合」であって、「医師の同意」がマストなわけではありませんが、施術の必要性・相当性に疑問を呈されているのですから、施術証明書・施術費明細書や施術録など柔道整復師が保有している資料だけで患者が施術の必要性・相当性を証明できるか、という点が問題になります。

　打切りを示唆されている場合と同様（**4-8** 参照）、重要なことは、施術の必要性・相当性が客観的に説明できるか否かです。説明できると判断し、かつ患者も納得しているのであれば、堂々と治療を継続すればよいでしょう。患者が証明に不安を覚える場合は、万全を期するためにも、患者に対して医療機関の受診を勧めるのがよいと考えます。

4-10 損害保険会社からの業務妨害

Q 損害保険会社が、患者に対して「整骨院に行っても治療効果は見込めない」などと言い、整骨院に行かずに医療機関を受診するよう指導しているようなのですが、どうすればよいでしょうか？

A 所属会や弁護士に相談するなどして、損害保険会社に対して善処を申し入れるのがよいでしょう。

解説

　損害保険会社が、患者に対して医療機関を受診するよう勧めることがあります。その際、柔道整復師の施術に効果がないなどと不当に柔道整復師を貶める発言がなされることも残念ながらゼロではありません。

　しかし、自身の治療をどこで行うかは患者の自由に属する事柄です。また、当然のことながら、損害保険会社には患者の容体を診断する権限も能力もなく、柔道整復師の施術に効果がないなどと吹聴するのは明らかな誤りで、患者の自由を歪めるおそれのある悪しきネガティブキャンペーンにほかなりません。

　こうした業務妨害は看過し得ない問題ですので、所属会や弁護士に相談するなどし、損害保険会社に対して抗議を申し入れるのがよいでしょう。

第5章

労　災

5-1 施術費の請求方法

Q 労働災害により負傷した患者に対して施術を
行った場合、施術費はどのように請求すればよ
いですか？

A 都道府県労働局長から指名柔道整復師として指
名された柔道整復師は、患者から施術料金の支
払いを受ける代わりに委任状の提出を受け、施
術料金の請求書にこの委任状を添えて所轄労働
基準監督署に提出し、当該労働基準監督署から
直接施術料金の支払いを受けることができます。

解説

(1) 労災保険とは

労災保険とは、労働者が労務に従事したことによって被った負傷等に
ついて、国が運営する保険制度（使用者は強制加入）の保険料によって
形成した基金から補償する、という制度です。つまり、業務の過程で業
務に起因して生じた事故による負傷等は、使用者の故意・過失の有無を
問わず、一定率で算定される額の補償を行う方法により労働者を保護す
る制度です。

(2) 適用対象

労災保険の適用対象は、①業務災害と②通勤災害です。

①業務災害とは、「労働者の業務上の負傷、疾病、傷害又は死亡」です（労災保険法7条1項1号）。要するに、仕事をしている最中に怪我等をした場合です。

②通勤災害とは、「労働者の通勤による負傷、疾病、傷害又は死亡」です（労災保険法7条1項2号）。要するに、通勤の途中に怪我等をした場合です。

(3) 保険給付の内容

労災保険の給付内容は、次のとおりです。

図表 5-1　労災保険の給付内容

療養補償給付	療養の給付（傷病が治癒（症状固定）するまで無料で治療や薬剤の支給が受けられる現物給付）
休業補償給付	療養のため労働ができず賃金が得られないことへの補償
障害補償給付	後遺障害への補償
遺族補償給付	労働者が死亡した場合の遺族に対する補償
葬祭料	葬祭に通常要する費用の補償
傷病補償年金	業務上の負傷・疾病が療養開始後1年6カ月を経過しても治っていない場合であって、1年6カ月を経過した日において、障害の程度が1級〜3級（全部労働不能）の程度に達している場合に、その状態が継続している間の補償
介護補償給付	障害または傷害等級1級の者など常時または随時介護を要する者につき介護を受けている間の介護費用の補償

外傷の多い労働者の療養を行う労災医療においては、柔道整復師が施術に関与する例が多く、柔道整復師の施術に対する療養補償給付の充実が重要となります。

(4) 指名柔道整復師制度

　労災保険における療養補償給付は、原則として、「療養の給付」という現物給付になります。患者は、医療機関で費用を支払うことなく医療行為を受けるという形で、診療、治療、療養など労災保険法で定められた範囲の療養補償給付を受けることになります（労災保険法13条、22条）。その診療等を行っているのが、労災病院または労災指定医療機関です。

　労災指定医療機関は、都道府県労働局長が指定を希望する病院や診療所などの医療機関からの申請に基づいて指定します。労災指定医療機関において傷病労働者の診療に要した費用は、指定医療機関と保険者である政府との間で清算し、患者の負担は一切生じない仕組みになっています。

　労働災害によって負傷した場合の柔道整復師の施術費についても、労災保険指定医療機関制度のように、柔道整復師が傷病労働者に対して施術を行った場合の施術料金を患者に負担させることなく、直接、労働基準監督署（政府・国）に請求することができるよう、指名柔道整復師制度が設けられています（図表5-2参照）。

　具体的には、都道府県労働局長から指名柔道整復師として指名された柔道整復師は、施術を行った傷病労働者から施術料金の支払いを受ける代わりに、その施術料金の受領を委任する旨の委任状の提出を受け、施術料金の請求書にこの委任状を添えて所轄労働基準監督署に提出し、当該労働基準監督署から直接施術料金の支払いを受けることができる仕組みとなっています。これにより、事実上、現物給付と同様の療養を受けることが可能となります。

　以上のとおり、労災保険の場合も、基本的な発想は健康保険における

図表 5-2　指名柔道整復師制度

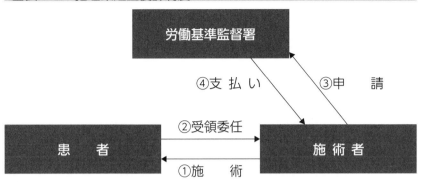

療養費と同様です。つまり、原則的には償還払いとなるところ、患者の便宜のため、受領委任の取扱いが認められているのです。

5-2 施術費の算定基準

Q 労災の場合、施術費を算定する基準はありますか？

A 厚生労働省が公表している「労災保険柔道整復師施術料金算定基準」に従う必要があります。

解説

　労災保険の療養補償給付は、療養の給付を原則としつつ（労災保険法13条1項）、「療養の給付をすることが困難な場合その他厚生労働省令で定める場合」には、療養の給付に代えて療養の費用を支給することができるとされています（労災保険法13条3項）。これに基づき、厚生労働省より「労災保険柔道整復師施術料金算定基準」が公表されており、これに従って算定する必要があります。

図表 5-3　労災保険柔道整復師施術料金算定基準

（令和 2 年 9 月 1 日以降の施術）

初検料	2,545 円	注　当該施術所が表示する施術時間以外の時間において初検を行った場合は、所定金額に 650 円を加算する。 　　ただし、午後 10 時から午前 6 時までの間の初検料については、所定金額に 3,740 円を、また、休日において初検を行った場合は 1,870 円を、それぞれ所定金額に加算する。
初検時相談支援料	150 円	注 1　初検時において、傷病労働者に対し、次の（1）および（2）を行った場合に初検時相談支援料を算定する。 　（1）職業復帰に向けた施術内容、施術期間、職業復帰見込時期（施術計画）および就労にあたっての励行・禁止事項をきめ細やかに説明し、その旨施術録に記載する。 　（2）次のアからエの施術に伴う日常生活で留意すべき事項等をきめ細やかに説明し、その旨施術録に記載する。 　　ア　日常生活上の励行・禁止事項（入浴・歩行・運動等） 　　イ　傷病の状態（労災の対象となる疾病、負傷名と施術部位） 　　ウ　労災保険における受任者払い等の取扱いおよび請求書の記載方法等を含めた労災請求等の事項（医師の同意に関する事項も含む） 　　エ　その他、柔道整復師が必要と認めた事項 　2　初検料のみ算定した場合においては、初検時相談支援料を算定できないものとする。
往療料	2,760 円	注 1　往療距離が片道 4km を超えた場合は、3,240 円を算定する。 　2　夜間（午後 10 時から午前 6 時までの間を除く。）往療については、所定金額（注 1 による加算金額を含む。）の 100 分の 100 に相当する金額を加算する。 　3　午後 10 時から午前 6 時までの間、難路または暴風雨もしくは暴風雪時の往療については、所定金額（注 1 による加算金額を含む。）のそれぞれ 100 分の 200 に相当する金額を加算する。

		4　2戸以上の患家に対して引き続いて往療した場合の往療順位第2位以下の患家に対する往療距離の計算は、当該施術所の所在地を起点とせず、それぞれ先順位の患家の所在地を起点とする。
再検料	490 円	注1　再検料の算定は、初検料を算定した月においては1回、翌月以降は1カ月（暦月）2回を限度とする。 　　2　再検料の算定は、初検料を算定した月の翌々月を限度とする。
指導管理料	680 円	注1　1週間に1回程度、1カ月（暦月）に5回を限度とし、後療時に算定できるものとする。
休業証明書	2,000 円	
冷罨法	100 円	注1　負傷当初より行った場合に加算できる。 　　2　温罨法との重複算定は認められない。
運動療法料	380 円	注　運動機能の回復を目的とした各種運動を行った場合に算定できる。 　　1　1週間に1回程度、1カ月（暦月）に5回を限度とし、後療時に算定できる。 　　2　部位、回数に関係なく1日380円とし、20分程度運動療法を行うこと。
施術情報提供料	1,000 円	注　骨折、不全骨折または脱臼に係る応急施術を行った後に、医療機関に対して施術の状況を示す文書を添えて患者の紹介を行った場合は、情報提供料として1,000円を算定する。
電気光線療法料	550 円	柔道整復師が傷病労働者施術にあたり、その施術効果を促進するため、柔道整復業務の範囲内において保健衛生上人体に害のない電気光線器具を使用した場合は、1回につき550円を支給する。 　　ただし、1日に2回以上または2種類以上の電気光線療法を行った場合であっても1回として算定する。
宿泊料 • **食事料**	1,400 円 470 円	柔道整復師の施術所に通院することが極めて困難な病状にある傷病労働者が柔道整復師の施術を受けるために当該施術所に宿泊したときは、1日につき、宿泊料として1,400円、1食につき、食事料として470円を支給する。

特別措置料金

	特別材料費	包帯交換料
骨折、不全骨折または脱臼	1,670 円	750 円
捻　　挫　・　打　　撲	1,020 円	400 円

特別材料費は、1負傷部位について1回算定できる。

なお、骨折、不全骨折または脱臼について、特別材料の交換が必要となった場合は、2回まで特別材料費として算定できる。

包帯交換料は、次の包帯交換時に算定できる。

- 初回の包帯交換時 --- 1回
- 初検日から起算して1週間以内の包帯交換時 ------------------------------- 1回
- 初検日から起算して1週間から2週間以内の包帯交換時 --------------- 1回
- 初検日から起算して2週間から3週間以内の包帯交換時 --------------- 1回
- 初検日から起算して3週間から4週間以内の包帯交換時 --------------- 1回
- 初検日から起算して4週間を超えての包帯交換時 ------------------------- 1回

注　不全脱臼は、捻挫の部に準ずる。筋、腱の断裂(いわゆる肉ばなれをいい挫傷を伴う場合もある。)は、打撲および捻挫に準ずる。

特別措置料金

部位		整復(固定・施療)料	後療料	備考
骨折(整復料)	大　腿　骨	14,100円	円 1,020	1　関節骨折または脱臼骨折は、骨折の部に準ずる。 2　関節近接部位の骨折により生じた拘縮が2関節以上に及ぶ場合で、かつ、一定期間(3週間)経過した場合の料金は、算定部位を変更せず一括して1,310円とする。 3　後療時に、関節可動域・筋力の評価を行い、早期職業復帰に向けた経過および所見を施術録に記載する。
	上腕骨・下腿骨	14,100		
	鎖　　　　骨	6,540		
	前　腕　骨	14,100		
	肋　　　　骨	6,540		
	手根骨・足根骨・中手骨・中足骨・指(手・足)骨	6,540		
不全骨折(固定料)	骨　　　　盤	11,340	870	1　関節近接部位の骨折により生じた拘縮が2関節以上に及ぶ場合で、かつ、一定期間(3週間)経過した場合の料金は、算定部位を変更せず一括して1,150円とする。 2　後療時に、関節可動域・筋力の評価を行い、早期職業復帰に向けた経過および所見を施術録に記載する。
	胸骨・肋骨・鎖骨	4,860		
	大　腿　骨	11,340		
	下腿骨・上腕骨・前腕骨・膝蓋骨	8,700		
	手根骨・足根骨・中手骨・中足骨・指(手・足)骨	4,620		

脱臼（整復料）	股　関　節	11,100	870	1　脱臼の際、不全骨折を伴った場合は、脱臼の部に準ずる。 2　後療時に、関節可動域・筋力の評価を行い、早期職業復帰に向けた経過および所見を施術録に記載する。
	肩　関　節	9,780		
	肘関節・膝関節	4,620		
	顎　関　節	3,060		
	手関節・足関節・指（手・足）関節	4,620		
打撲および捻挫	打撲・捻挫	910	615	1　不全脱臼は、捻挫の部に準ずる。筋、腱の断裂（いわゆる肉ばなれをいい挫傷を伴う場合もある）は、打撲および捻挫に準ずる。 2　手の指の打撲・捻挫の施療料および後療料は、指1本の場合は所定料金とし、指2本の場合は所定料金を2倍した金額、指3本の場合は所定料金を3倍した金額、指4本以上の場合は所定料金を4倍した金額とする。 3　施術料は、別紙に掲げる部位を単位として算定する。

備考　後療において強直緩解等のため温罨法を併施した場合は、骨折または不全骨折の場合にあっては、その受傷の日から起算して7日間を除き、脱臼、打撲、不全脱臼または捻挫の場合にあっては、その受傷の日から起算して5日間を除き、1回につき95円を加算する。

（別紙）

打　　　　　　　撲	捻　　　　　　　挫
頭　　　　　　　　　部	頸　　　　　　　　　部
顔　　　面　　　　　部	肩　　　関　　　　　節
頸　　　　　　　　　部	肘　　　関　　　　　節
胸　　　　　　　　　部	手　　　関　　　　　節
背部（肩部を含む）	中手指・指関節
上　　　腕　　　　　部	腰　　　　　　　　　部
肘　　　　　　　　　部	股　　　関　　　　　節
前　　　腕　　　　　部	膝　　　関　　　　　節
手根・中手部	足　　　関　　　　　節
指　　　　　　　　　部	中足趾・趾関節
腰　　　臀　　　　　部	
大　　　腿　　　　　部	
膝　　　　　　　　　部	
下　　　腿　　　　　部	
足根・中足部	
趾　　　　　　　　　部	

第5章　労　　災

5-3 「療養補償給付たる療養の費用請求書」作成上の留意点

Q 「療養補償給付たる療養の費用請求書」を作成する際、どのような点に注意すればよいでしょうか？

....

A 「様式第7号（3）（業務災害用）」または「様式第16号の5（3）（通勤災害用)」を用いることになります。書式の取り違えや記載不備に注意しましょう。

解説

　柔道整復師が労災保険に請求する際の「療養補償給付たる療養の費用請求書」は、「様式第7号（3）（業務災害用)」または「様式第16号の5（3）（通勤災害用)」です。用紙の右上の欄外には、「柔」が○で囲まれたマークが欄外にあり、これが柔道整復師が用いる用紙であることの目印になります。労災の請求書書式はどれも似ているように見えますが、このマークがないものは柔道整復師は使用できません。

　この「療養補償給付たる療養の費用請求書」は、事業主が記入する欄、患者が記入する欄のほか、柔道整復師が記入する欄があります。

　柔道整復師は、表面の「柔道整復師の証明」と、裏面の「療養の内訳及び金額」の欄を記入します。

　表面の「柔道整復師の証明」は、患者に対して行った療養の内容（期間、傷病の部位及び傷病名、傷病の経過等）を柔道整復師が証明するも

図表 5-4　療養補償給付及び複数事業労働者療養給付たる療養の費用請求書（柔整）業務災害用・複数業務要因災害用（様式第7号（3））（OCR様式）（抜粋）

〈表面〉

柔道整復師の証明	⑨の者については、（イ）から（ハ）まで及び㉑に記載したとおりであることを証明します。		〒　　　－ 電話（　　）　　－
	年　　月　　日　　　施術所の　名　称 　　　　　　　　　　　　　　住　所 　　　　　　　　　　　　　　氏　名		
	療養の内容	（イ）期間　　　年　　月　　日から　　年　　月　　日まで　　　日間　施術実日数　　　日	
	（ロ）傷病の部位及び傷病名		
	（ハ）傷病の経過の概要		
		年　　　月　　　日　治癒（症状固定）・継続中・転医・中止	
	⑳指定・指名番号 府県　種別　一　連　番　号	㉑療養に要した費用の額（内訳裏面のとおり。） 千万 百万 十万 万 千 百 十 円	

〈裏面〉

療養の内訳及び金額	初　検　料	初検年月日 平成 令和　　年　　月　　日　　時頃		時間外・深夜・休日加算		円		千		円
	再　検　料		回		円	指導管理料	回	円		
	運動療法料		回		円	施術情報提供料		円		
	休業（補償）給付証明料		回	証明期間						
	往　診　料	距離（片道）　km	回 1回		円	夜間・離部・暴風雪雨加算		円		
	整復固定料 初回処置	傷病名及び部位		金　額			特別材料料			
		イ			円		円			
		ロ								
		ハ								
		ニ								
	後　療　料	イ		回	円	包帯交換料	回	円		
		ロ								
		ハ								
		ニ								
	電　療　料	イ　　　　回	ロ　　　回	ハ　　　回	ニ　　　回					
	罨法料	冷罨法	イ　　　回	ロ　　　回	ハ　　　回	ニ　　　回				
		温罨法	イ　　　回	ロ　　　回	ハ　　　回	ニ　　　回				
	そ　の　他									
	合　　　　　　計							千		円

図表 5-5　療養給付たる療養の費用請求書（柔整）通勤災害用（様式第 16 号の 5（3））（OCR 様式）（抜粋）

〈表面〉

柔 道 整 復 師 の 証 明	⑨の者については、（イ）から（ハ）まで及び㉑に記載したとおりであることを証明します。	〒　　　－ 電話（　　　）　　　－

年　　月　　日　　施術所の　名称
住所
氏名

	療養の内容	（イ）期間　　　年　月　日から　年　月　日まで　日間　施術実日数　　日
	（ロ）傷病の部位及び傷病名	
	（ハ）　傷病の経過の 　　　　概　　要	⎯⎯⎯⎯⎯⎯⎯⎯⎯⎯⎯⎯⎯⎯⎯⎯⎯⎯⎯⎯ 年　月　日　治癒（症状固定）・継続中・転医・中止

⑳指定・指名番号			㉑療養に要した費用の額（内訳裏面のとおり。）
府県	種別	一　連　番　号	千万 百万 十万 万 千 百 十 円

〈裏面〉

	初　検　料	初検年月日	平成 令和	年　月　日　時頃	時間外・深夜・休日加算				円		千		円
	再　検　料		回		指導管理料	回			円				
	運動療法料		回	円	施術情報提供料				円				
	休業（補償）給付証明料		回		証明期間								
	往　診　料	距離（片道）　km	回	1回　　円	夜間・難路・暴風雨雪加算				円				
療 養 の 内 訳 及 び 金 額	整　復 固　定 初回処置	傷病名及び部位		金　　額	特別材料料								
		イ		円				円					
		ロ											
		ハ											
		ニ											
	後　療　料	イ		回	包 帯 交 換 料		回						
		ロ											
		ハ											
		ニ											
	電　療　料	イ	回	ロ	回	ハ		回	ニ		回		
	罨法料	冷罨法	イ	回	ロ	回	ハ		回	ニ	回		
		温罨法	イ	回	ロ	回	ハ		回	ニ	回		
	そ　の　他												
		合　　計		計							千		円

5-3　「療養補償給付たる療養の費用請求書」作成上の留意点

のです。作成年月日、施術所の名所、住所、電話番号、柔道整復師の氏名、施術所の指定・指名番号、療養した期間とその日数、要した費用の合計額を記入します。

　裏面の「療養の内訳及び金額」には、初検日や各検査・療法の回数と合計額、詳しい受傷名や受傷部位と金額、受傷部位の後療回数と金額といった施術の詳細を記入します。

　この用紙に柔道整復師が記入し、それを労働基準監督署へ提出することになるため、患者が施術所に持参した時点で、柔道整復師が記入すべき箇所以外の箇所は記入されている状態である必要があります。全ての欄に記入漏れがないことを確認した上で、労働基準監督署へ提出しましょう。

第6章

患者トラブル

6-1 クレームに対する基本的な考え方

Q 患者等からクレームがあった場合は、そのすべてに対応しなければいけないのでしょうか？

A 正当なクレームなのか理由のない悪質クレーマーなのかの見極めが重要で、悪質クレーマーの場合、要求のすべてに対応する必要はなく、かえって対応することが要求行為をエスカレートさせたり、従業員の精神的負担を増大させたり、悪評を招いたりするなどの問題を生じさせるおそれがあります。

解説

（1）基本的な考え方

　柔道整復師が営む施術所にも、モンスターペイシェント（Monster Patient）は訪れます。受付で大声を出して理不尽な要求を繰り返したり、退去を要請したのに退去しなかったり、様々な理由をつけて施術費の支払いを踏み倒したりするなど、不合理で自己中心的な言動をとる者たちです。

　柔道整復師の多くは、患者の痛みを治療する「治療家」と自負して活動しており、しかも、地域に根差した経営方針をとっていることが多く、患者から不満の感情をぶつけられることに慣れていないことなどが

相まって、法的に理由のない悪質なクレームに対しても、言いなりになってしまうケースが少なくありません。

　確かに、「お客様は神様です」との格言にあるとおり、顧客である患者のクレームには、柔道整復師が改善すべき問題点やそのヒントがたくさん詰まっています。クレームに対して誠心誠意対応することが、顧客満足度を上げることにもなるでしょう。

　しかし、相手が悪質クレーマーであった場合、一度は終わったはずの出来事を蒸し返されて法外な金銭を請求されたり、施術の過程に落ち度がなかったにもかかわらず、あたかも施術ミスがあったことを認めるような書面に安易にサインしてしまったりするなど、トラブルが複雑化し、従業員も精神的、肉体的に疲弊しますし、他の患者に与える悪影響も甚大です。

(2) 悪質クレーマーにはどのように対応すればよいか

　昨今の悪質クレーマーの増加を受けて、令和4年2月、厚生労働省は、「カスタマーハラスメント対策企業マニュアル」（以下、「マニュアル」という。https://www.mhlw.go.jp/stf/seisakunitsuite/bunya/koyou_roudou/koyoukintou/seisaku06/index.html）を発表しました。マニュアルでは、「不当・悪質なクレームは、従業員に過度に精神的ストレスを感じさせるとともに、通常の業務に支障が出るケースも見られるなど、企業や組織に金銭、時間、精神的な苦痛等、多大な損失を招くことが想定されます。したがって、企業は不当・悪質なクレーム（いわゆるカスタマーハラスメント）に対して従業員を守る対応が求められます」とされており、カスタマーハラスメントに対して毅然として対応すべきことが示されています（次ページ図表6-1）。

図表 6-1　カスタマーハラスメントによる従業員・企業・他の顧客等への影響

従業員への影響
- 業務のパフォーマンスの低下
- 健康不良（頭痛、睡眠不良、精神疾患、耳鳴り等）
- 現場対応への恐怖、苦痛による従業員の配置転換、休職、退職

企業への影響
- 時間の浪費（クレームへの現場での対応、電話対応、謝罪訪問、社内での対応方法の検討、弁護士への相談等）
- 業務上の支障（顧客対応によって他業務が行えない等）
- 人員確保（従業員離職に伴う従業員の新規採用、教育コスト等）
- 金銭的損失（商品、サービスの値下げ、慰謝料要求への対応、代替品の提供等）
- 店舗、企業に対する他の顧客等のブランドイメージの低下

他の顧客等への影響
- 来店する他の顧客の利用環境、雰囲気の悪化
- 業務停滞によって他の顧客等がサービスを受けられない等

（出典）厚生労働省「カスタマーハラスメント対策企業マニュアル」

　重要なことは、正当なクレームなのか理由のない悪質クレーマーなのかの見極めで、悪質クレーマーであると判断した場合には、悪質クレーマーであることを前提とした対応をすることです。クレームを何でも鵜呑みにするというのは絶対に避けなければなりません。

6-2 悪質クレーマーの見分け方

Q 正当なクレームなのか悪質クレーマーなのかは、どのように見分ければよいでしょうか？

A ①クレームの内容と②クレームの手段の、2つの視点で検討するのが有益です。

解説

　正当なクレームなのか、悪質クレーマーなのかの見極めですが、2つの視点から考えることが重要です。

(1) 内容の正当性

① 法的観点から相手方の主張に理由があるかを検討する

　1つ目は、クレームの内容に理由があるかどうかを考えます。クレームの内容をよく聞き、クレームを成り立たせる理由があるかどうかを考える必要があります。

　例えば、「施術を受けても全然良くならないので施術料金を返してもらいたい」というクレームが来たとしましょう。このクレームの趣旨は、施術料金の返還です。そして、その理由として、「施術を受けても全然良くならない」ということを挙げています。

これについて、施術料金を返さなければならないのは、柔道整復師の側に契約した内容のとおりに施術を行わなかったという落ち度がある場合（これを債務不履行といいます）です。前述のとおり（**2-1** 参照）、柔道整復師の施術契約は、通常、治癒という結果を請け負うものではなく、患者が抱える問題の解決のために全力を尽くすというものです。

　したがって、仮に治癒という結果になっていなくても、患者が抱える問題について柔道整復師として採り得る最善の措置を施したのであれば、施術契約の債務の履行上の落ち度はないということになります（**2-2** 参照）。

　このように、クレームにおいて相手方が要求している事項を細かく分析し、①患者が訴える不満や損害が本当に生じたかどうか、②その不満や損害を生じさせる原因がこちら側にあったかどうか、③原因がこちら側にあったとして、柔道整復師として、対応、賠償しなければならないものかどうかをそれぞれ検討すべきです。

　この考え方は、法律家が、相手方の主張に理由があるかを検討する際の思考プロセスと同じで、いわば、法的観点からの検討ということになります。「法的観点」などと言うと難しく感じられるかもしれませんが、要するに、要求を成り立たせる理由があるかどうかです。

②　法的観点から検討するとは？

　法的観点からの検討を行う癖をつけておくのは、極めて有意義です。なぜなら、法的紛争となって裁判所に持ち込まれた場合、法的観点からの理由の有無が問われることになるからです。

　要求を成り立たせる理由があるなら、クレームの内容は正当だということになり、仮に訴訟になった場合はクレーマー側の主張が認められることになるので、今の時点から何らかの対応が必要だという判断になります。逆に、要求を成り立たせる理由がないと判断できた場合、仮に訴訟になったとしてもクレーマー側の主張は認められませんので、今の時点で何らかの対応をする必要は低いということになります。

第6章　患者トラブル

③　グレーゾーンの対応における判断にも役立つ

　現実には、理由の有無についての確実な判断ができないケース、また、理由があるとまで言えないが対応自体はしておいたほうがよいと考えるケースも多々あります。その場合でも、法的観点からの理由の有無を検討することで、現場でどこまで対応しなければならないかの判断に影響が出てくるはずです。

　真に対応しなければならないのは法的観点からクレームに理由がある場合で、それ以外はあくまでサービスとして対応しているのであり、一定の折衝を重ねても合意が得られなかった場合、どこかのタイミングでこれ以上は対応できないという帰結になるからです。

図表6-2　法的観点からクレーム対応の要否を判断するイメージ図

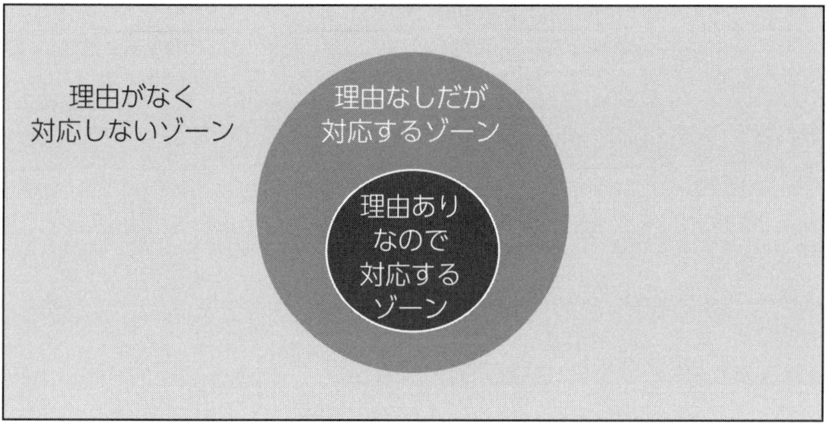

理由がなく
対応しないゾーン

理由なしだが
対応するゾーン

理由あり
なので
対応する
ゾーン

(2) 手段の正当性

　次に、クレームの手段に理由があるかを検討します。

　クレームの手段とは、クレームの言い方、主張の方法のことです。同じ内容でも、穏便に言うのか、それとも、受付で事務職員に対して大声で怒鳴り散らして言うかの違いです。

仮に、クレームの内容自体に理由があったとしても、それを実現する手段が不適当なものであったときには、それに対応する必要はまったくありません。後述のとおり（**6-7** 参照）、手段によっては、脅迫罪、強要罪、恐喝罪、威力業務妨害罪、偽計業務妨害罪が成立する可能性があり、その場合、警察等の公的機関に助力を求めるべきです。

　勘違いしがちなのは、クレームの内容に理由がある場合、すべてに対応しなければならないと考えてしまうことです。

　しかし、手段の相当性を欠くときは、対応する必要はありません。例えば、たしかに施術ミスをしてしまったケースだとしても、クレームのために大勢で営業時間中の施術所に乗り込んできて、周りに他の患者がいるにもかかわらず受付で大声で怒鳴りちらして威嚇し、その場で土下座するよう要求するようなクレームに応じる必要はまったくありません。即時に110番通報し、また、弁護士に相談してください。

6-3 クレームへの対応

Q 実際にクレームが入ったとき、どのような点に注意して対応すればよいでしょうか？

A 理由のあるクレームか悪質クレームかを見極めるため、そして、怒りの鎮静化を図るためにも、まずは事実関係の聴取りから始めましょう。「何があったか」という事実を聞くことが重要で、聞いた事実関係は必ずメモしておきましょう。

解説

(1) まずは事実確認に努める

　クレームが入ったときは、まずは事実確認に努めましょう。

　クレームの内容をよく聞き、その主張が前提としている事実関係を聞き出すことに集中すべきです。事実関係のヒアリングなのだという認識で対応すると、こちらも冷静でいることができます。また、この段階ではこちらから何らかの文書を作成することは絶対にするべきではありません（**6-5**参照）。

　その際、「お手数をお掛けしまして、申し訳ございません」という言葉とともに、「ご事情をお聞かせください」という姿勢で話を聞くのがよいと思います。「申し訳ございません」という言葉には、人の感情を

和らげる効果があります。ただし、「全責任を負います」とか「落ち度があります」ということを前提にした発言ではなく、話をする時間と手間をかけて協力してもらうことに対する謝辞に過ぎません。相手方の感情を和らげることを意図して、「申し訳ない」という言葉をサラッと言ってしまうのがよいと考えます。

　まれに、「交渉時には絶対に謝ってはいけない」と考える方がいますが、あまりお勧めしません。「安易に責任を認めるような発言をしないようにする」という意味ではそのとおりなのですが、責任を認める趣旨ではない単なる謝辞として、これから話を聞くという時に冒頭で「申し訳ありません」と言っておくのは、相手の感情を鎮静化させる効果に照らして、むしろ望ましいものと考えます。

　そして、クレームの内容を相手に一通り話させます。その際に意識すべきことは、前述（**6-1**、**6-2**参照）のクレームに対する基本的な考え方を念頭に、クレームの内容に正当性があるかを考えながら聞くことです。つまり、①当該患者が訴える不満や損害が本当に生じたかどうか、②その不満や損害を生じさせる原因がこちら側にあったかどうか、③原因がこちら側にあったとして、柔道整復師として、対応、賠償しなければならないものかどうかです。

(2) 相手の話はメモをとること

　相手が話をしている最中は、話の途中で遮ることなく、とにかく言い分をメモすることが重要です。相手の話が整理されていない場合、途中で質問したくなるものですが、そこをこらえて、とにかく自由に話をさせます。人の怒りのピークは6秒間という話もあるほどで、怒りというのはそう長続きはしません。

　ですから、最初はとにかく自由に話をさせ、その時間は怒りの鎮静化と事実関係の収集のための時間なのだと割り切って考えるべきです。

　メモは、相手方が言ったことを細大漏らさずそのまま書き連ねる方式がよいです。後の「言った」「言わない」をできるだけ防ぐためです。

可能であれば、スマートフォンなどを利用して録音しておくのも一つの方策です。

(3) 手段の正当性を失っている場合の対応

　この時、既に主張の方法が正当性（**6-2** 参照）を失っていたら、他の患者がいない部屋に通して話をするとか、後日改めて面会の場を設けるなどの対応をすべきです。場合によっては、即時に 110 番通報することもあり得ます。既に手段の正当性を失っている以上、内容を聞くまでもなく悪質クレーマーに当たり、正面から対応する必要がなく、対応すべきでもないからです。

　このような事態では、録音を残しておきます。証拠として極めて重要になるからです。この場合、相手方にいちいち録音の許可などとる必要はありません。

(4) こちらの見解を伝えるのは相手方の主張内容を確認してから

　話を聞き、ひと段落したところで、今度は、こちらから質問を投げかけます。クレームの内容に正当性があるかを判断するために、必要事項の確認をするという趣旨です。この際重要なのは、あくまで事実について尋ねることです。

　やってしまいがちなのが、「当方に責任はない」という結論を初期の段階で伝えてしまう対応です。これは、相手方からは「責任なし」という結論ありきの対応だと受け取られる可能性が高いです。そして、こういう事情もある、ああいうこともあったと、事実関係の修正や補足がなされた場合に、説明に窮する場面が少なくありません。

　ですから、まずは主張内容をすべて出させて言い足りないところもない状態となってから、その主張内容を前提にして、ようやく当方の見解を伝えるべきです。

(5) 要求事項が明確でない場合の対応

　悪質クレーマーの特徴の一つとして、要求事項を明確にしないということがあります。「誠意を見せろ」、「誠意の内容は自分で考えろ」、「責任者と話をさせろ」などというものです。これらは、交渉相手が嫌がる対応を敢えて行っているに過ぎません。自らの獲得目標を明らかにしないことで要求水準が上がっていくことを期待している常套句なのです。

　そこで、最初の段階から要求事項を明確にするよう質問しておきます。「そうしますと、金銭での賠償をお求めということでよろしいですか？」などと質問してみましょう。「お金の問題ではない。誠意がないのかという話だ」などと言われたら、「金銭賠償ではないのだとしたら、何をお求めでしょうか？」などと聞いていきます。

　おそらく高確率で「それは自分で考えろ」という回答がくると思いますが、それに対しては、「わかりました。金銭賠償ではなく誠意をお求めで、その内容は当方にて検討せよということですね」と承っておきます。

　このように回答しておけば、検討結果を伝えればよいということになり、回答の基本的方針として、「何をお求めになっているかわからないので対応できない（する必要はない）」と結論づけることができます。

(6) その場で議論はしない

　また、相手方の主張の誤りをすぐに指摘して、堂々めぐりの議論に陥ってしまうというのも、やってしまいがちな対応です。クレームの内容を話し終えた段階では、相手方の怒りは完全には沈静化していませんので、議論をしてしまうと感情的対立が深まるばかりです。また、誤りを指摘したはずが、その指摘が間違ったものだったり裏づけのとれないものだったりした場合、さらなる攻撃材料として使われるおそれがあります。

　そこで、基本的にその場では話を聞いて相手の主張内容をまとめるだ

けにとどめ、こちらの見解は、改めて別の機会に、事後的に説明するという対応をお勧めします。間を置いてその間に裏づけとなる資料を確認することで、確たる説明を適切に行うことが可能となります。このような対応は、相手方の主張内容を改めて精査し、客観的資料を改めて確認することで正確な回答をしようするものなので、もし仮に「ごまかそうとしているのではないか」とか、「今すぐ回答してもらいたい」などと言われても、「改めて調べて慎重に検討した結果を正確にお伝えするためです」などと言って、理解を得るようにしましょう。余計な誤解が生じないよう正確かつ丁寧な説明をするというものですので、相手方にその対応を拒絶する理由はないはずです。

　ヒアリングが十分に行えた場合は、その時点でクレームの理由の有無について概ね見当がつけられると思います。理由のあるクレームの場合は対応の必要性が大きく、理由がないクレームの場合はどのように誤解を解いていくかを中心に検討することになります。

6-4 説明の仕方

Q クレームに対して説明をしていくにあたって留意すべき点は何でしょうか？

A 専門家として把握している事実関係や分析結果を丁寧に説明しましょう。その際、一定の説明をしても理解してもらえず話が平行線になること自体をおそれる必要はありません。やりとりを続ける場合は、書面によるやりとりを選択するのがよいでしょう。

解説

（1）話が平行線をたどることをおそれない

　相手方の言い分を把握し、客観的資料をもとにした検討が済んだら、次はこちらの把握している事実関係を説明していきます。

　この時、柔道整復師は患者に対して説明責任を負っていることを、忘れないでください（**2-3**、**2-6**参照）。専門家として把握した事実関係や分析結果を、丁寧に説明しましょう。感情を排除して丁寧な言葉で、事実を説明していくことが重要です。意味のない言い訳と捉えられかねない評価を述べるのではなく、事実を端的に説明していくべきです。

　合理的な説明を一定程度行ったにもかかわらず、話が平行線をたどってしまうことが往々にしてあります。悪質クレーマーは説明を聞いて素

直に引き下がるものではなく、最初から説明の内容などどうでもよいと考えていることが多いからです。ここで延々と交渉を続けることは、百害あって一利なしです。担当者が疲弊するばかりか、余計な攻撃材料を与えてしまうおそれがあるからです。

　そこで、ある程度のところで話に見切りをつけて、「今一度、院全体で検討し、文書で回答します」という対応をすべきです。そして、次ページ図表 6-3 のように、クレーム内容を検討した結果を合理的に説明する内容の文書を送るべきです。合理的な説明とは、端的に言えば、裏付資料で確認できる事実関係について、当方の見解の結論を導くのに必要かつ相当な範囲で、筋道を立ててわかりやすく説明するということです。

(2) 反論は文書でもらう

　次ページのような説明を文書で行い、反論がある場合は連絡手段を文書に限定するのがよいです。お互いの言い分を形に残しておくことができる上、怒りの鎮静化にもつながるからです。

　このような文書を発したにもかかわらず、これを無視して電話を連続して鳴らしてきたり直接来院してわめき散らすという対応に出たりした場合、遠慮なく 110 番通報をするのがよいです。また、民事的な対応は弁護士に委任して、以後の対応は弁護士を交渉窓口としましょう。

　メールや LINE はお勧めしません。形に残るという意味では文書と同じなのですが、その手軽さゆえに相手方からメッセージが連発されたり、こちらもつい口を滑らせてしまったりしがちです。また、メールや LINE をスマートフォンで見られる現代では、手元に常にあり、既に生活の一部となっているスマートフォンに届くクレームメッセージというのは、とても強い精神的ストレスになるからです。

令和○年○月○日

○○○○　殿

〒○○○－○○○○
東京都○○区○○
○○整骨院
院長　　○○○○

ご　連　絡

前略

　平素より格別のお引き立てを賜り、ありがたく厚く御礼申し上げます。

　このたび、○○殿より頂戴しております○○というご指摘につきまして、お手数をお掛けしていることについて、あらためてお詫び申し上げます。

　ご指摘の点に関して、令和○年○月○日、当院にてお聞きした内容を改めて精査しましたところ、○○の点は○○という結論に至りました。

　したがって、○○殿より、院長の誠意ある謝罪および金○○万円の支払いというご要望を頂戴しておりましたが、これらのご要望にはご対応いたしかねます。

　なお、本件に関するご連絡がある場合、今後のご連絡は書面を郵送する方法でいただきたく存じます。お電話やご来院の方法ではご対応いたしかねますので、ご了承願います。

草々

6-5 絶対にしてはいけないこと

Q クレームに対する対応で、絶対にしてはいけないことは何でしょうか？

A ①こちらも感情的になったり、②その場で何らかの文書を作成したりすることは、絶対にしてはいけません。

解説

　クレームが入ったとき、最もしてはいけないことは、(1) こちらも感情的な対応をすることと、(2) その場で文書を作成することです。

(1) 感情的にならない

　クレームを言う人は、正当なクレームであろうと悪質クレーマーであろうと、一定程度は感情的になっているものです。特に、患者は身体的な痛みを感じる症状のある人たちで、治してくれる「先生」への期待値が高いことも相まって、通常よりも感情的になっていることが多いです。感情的になっている相手方に対してこちらも感情的な対応をしてしまうと、火に油を注ぐようなもので対応が余計に難しくなります。感情的に対応したこと自体が新たなクレームの口実にもなり、問題解決が遠のいてしまいます。

(2) 文書を作成しない

　また、話を早く終わらせたいがために「全損害を賠償することを約束します」という内容の念書や確認書を作成したりすることも、絶対に行ってはいけません。一旦何らかの書面を作成してしまうと、仮にそれが不本意に作成したものであっても、後から覆すことは大変難しいです。事情によっては書面の効力を覆すことができなくはないのですが、大変な労力を要し、基本的には決定的に不利になると考えたほうがよいです。

　悪質クレーマーは、この書面の効力を知り尽くしていますので、あの手この手で何らかの書面を作成させようとしてきます。口調の凄まじさ、弁舌の滑らかさ、他の患者が見ているというプレッシャーなどを利用して書面の作成を実行させようとしてきますが、絶対に応じてはいけません。

6-6 タイプ別悪質クレーマー対応の留意点

Q 悪質クレーマーとはどのような人でしょうか。主張内容や態度に特定の傾向はありますか？

A 悪質クレーマーの行動傾向は、一定程度類型化することが可能です。どのようなタイプか見極めて対応するとよいでしょう。

解説

　クレーマーは大別して、①金銭目的クレーマー、②謝罪目的クレーマー、③病的性格クレーマーに分類できると考えています。それぞれ特徴と対応策を述べていきます。

(1) 金銭目的クレーマー

① 特　徴

　金銭目的のクレーマーが一定数います。「施術によって痛みがひどくなった」などを理由に慰謝料の支払いを求めてきたりするタイプです。

　このようなクレーマーは他所でも同様のクレームを繰り返して味をしめている者が多く、方法が狡猾です。端的に弱みを見つけ、それを指摘するという方法で脅しつけ、金銭を支払わせようとしてきます。中には、反社会的勢力との結びつきをにおわせる者もいます。

このタイプは一度でも金銭を交付してしまうと要求がエスカレートし、終わったと思ったらさらなる要求行為を呼び込む、といったことになるケースが少なくありません。

②　対　応　策

　金銭目的クレーマーへの対応の肝は、1円たりとも支払わないこと、および1円たりとも支払わないということを感じさせることです。

　金銭目的クレーマーは、要するにお金を脅し取ろうとするものですので、ある意味、費用対効果に敏感です。お金の取れなさそうな相手方にへばりついても目的を達成できないばかりか、逮捕されるなどの検挙リスクが高まると感じさせることができれば、要求行為は自ずと消滅していきます。したがって、絶対に1円たりとも支払わないということを貫くことが大切です。そのため、警察や弁護士に相談することを積極的に検討しましょう。「この相手からはお金が取れなさそうだ」と思わせるのが効果的です。

　このタイプの真の怖さは、一度でも支払ってしまった後にあります。一度でも支払っているという後ろめたさを利用して、要求はエスカレートするでしょう。そうならないためにも、最初の要求時に断固拒否の姿勢を貫くことが肝心です。仮に最初の要求水準が低く、「これくらいで勘弁してやる」などと言われても、絶対にそれに応じないという覚悟を持つことが一番大切です。

(2) 謝罪目的クレーマー

①　特　　　徴

　謝罪目的クレーマーは、社会正義や自分の主張の正しさを説き伏せ、相手方を屈服させることで自己満足を得るタイプです。

　このような謝罪目的クレーマーは、理詰めで攻めてきたり、一見する

と正しいと思ってしまうような大義名分を持ち出したりして、こちらを屈服させようとしてきます。柔道整復師のもとを訪れる謝罪目的クレーマーは、柔道整復師その他の健康ビジネスに身を置いている広義の同業者だったり整形外科の分野の知識があったりするなど、中途半端ながらも一定の知識を持っていたりする者が少なくありません。

この手のタイプは、柔道整復師のことを下に見て上から目線で話をしてくる例が多いです。自分の主張が正しいと信じ込んで疑わないタイプなので、怒鳴ったり暴力行為に及んだりといった粗暴的な言動は多くはありません。むしろ、自分の要求が通らないと SNS やインターネット掲示板への書込みなどの手段に走る傾向が多いように思います。また、この手のタイプに対して謝罪をしたために、要求が高じて(1)の金銭目的クレーマーへと発展したり、謝罪したことも含めて「非を認めた柔道整復師」などとして SNS へ書かれたりするといった事態に発展するおそれもありますので、注意が必要です。

② 対応策

謝罪目的クレーマーは、自分の持っている知識を振りかざして自分の主張の正しさを誇示しようとしてきますので、対応する側も理論的な正しさを慎重に準備する必要があります。専門家である柔道整復師が知識面・理論面で負けるようでは、相手に付け入る隙を与えてしまうことになります。

また、知識面・理論面をしっかり確認した上で対応する必要がありますし、やりとりの上でのつまらない誤解を生じさせないためにも、書面でのやりとりを基本とすべきです（**6-4** 参照）。

この手のタイプは、自分が「下」だと判断した相手にはとても強気に出る一方、自分より強い存在には弱かったりします。また、他の社会活動の面では、一定の地位のある者だったり常識的な振舞いをしていたり、守るべきものがあったりする者が多いのも特徴です。そこで、所属会への相談や弁護士の利用を積極的に検討するのがよいと思います（具

体的な相談のしかたは **6-8** 参照)。謝罪目的クレーマーは、柔道整復師
に対しては極めて狡猾な攻撃を仕掛けてくる面がありますが、弁護士が
介入するとピタッと不当要求行為が止まるということが少なくありま
せん。甘い言葉に誘惑されて少しでも弱みを握られてしまうと、金銭目
的クレーマーへと変貌するおそれがありますので、そのリスクに比べれ
ば弁護士費用のほうが安いものと判断できるはずです。

　対応方針で悩ましいのは、相手の面子を保ったままお引き取りいただ
くのがよいのか、徹底的に主張の誤りを論破したほうがよいのかという
点です。これも対応を間違えると紛争は激化しますので、専門家の助言
を仰ぐべきケースです。

(3) 病的性格クレーマー

① 特　　徴

　(1)・(2) が一定の目的を持っている者で言いたいこと自体がわから
ないわけではないのに対して、目的がまったく不明で、何を言っている
のかさえ、ほとんどわからないクレームを繰り返す者もいます。話が通
じず、通常のコミュニケーションがとれないという相手です。精神的な
問題を抱えている可能性がある者たちもここに分類されます。

② 対 応 策

　話の通じない病的性格クレーマーは、１対１で対応するのではなく、
常に複数で相手にする必要があります。対応が１カ所に集中してしま
うと、そこに対する理不尽な攻撃が止まらず、対応した者がひたすら疲
弊していくことになってしまいます。複数での対応となると、攻撃対象
が拡散されます。「あの時、こう言ったではないか」と攻められても、
正しい事実関係はこうでしたと客観的中立的な立場からの説明も可能と
なります。対象が複数になると対応するのも難しくなるようで、不思議

なことにある日突然攻撃が止むということも少なくありません。もっとも、同じことを何度も説明させたり、担当者間で情報共有がなされていないことを見透かされたりすると、かえって攻撃の材料を与えることになってしまうため、情報共有を徹底して行う必要があります。

　病的クレーマーに対しては、こちらの話をわかってもらおうとしないことです。わかってもらうのは無理と割り切り、不当な手段に出た際の証拠化を徹底することが重要です。証拠を確実に入手し、警察その他の機関への出動要請を遠慮することなく行いましょう。

　上記（1）や（2）と異なり、突発的な攻撃がなされる可能性があり、重大な結果が生じるおそれもあります。とにかく理屈や常識が通用しないので、通用しないものと割り切り、早期に警察その他の機関に助けを求めるべきです。

　警察沙汰のトラブルを抱えているという風評が立つのを避けたいという気持ちはわかるのですが、ご自身や従業員の生命・身体の安全に勝るものはありません。

　また、警察への通報をすべきかどうかの判断について弁護士に相談するなど、弁護士を挟んで対応を検討するというのも有効な手段です。

6-7 悪質クレーマーによる犯罪行為

Q 悪質クレーマーの行為が犯罪行為に該当する場合というのはどのような場合でしょうか？

....

A 悪質クレーマーの行為は、恐喝罪、脅迫罪、偽計業務妨害罪、威力業務妨害罪、名誉棄損罪、侮辱罪、不退去罪などが成立する可能性があります。

解説

悪質クレーマーへの対応は、弁護士、警察その他の機関への助力を積極的に求めるべきです。その際、悪質クレーマーの行為がどのような犯罪を構成するのかを理解しておくとよいでしょう。

(1) 金銭を要求する

人を脅して金銭を交付させる行為は、恐喝罪（刑法249条）となります。もし仮に、施術上のミスがあったとしても、そのミスをあげつらって、「ミスが明らかになれば柔道整復師として活動できなくなる。それが嫌なら○○円を支払うことだ」などと言うのは、恐喝罪に該当します。恐喝罪は、10年以下の懲役という重大犯罪です。

また、直接的に金銭要求と結びついていなくても、単に、他人の生命、身体、自由、名誉、財産などに対して害悪を加える旨告知すること

自体で脅迫罪（刑法222条）が成立する可能性があります。脅迫罪は、2年以下の懲役または30万円以下の罰金になります。

(2) 執拗に電話連絡をしてくる

　一日に何回も同じような用件で施術所に電話をかけてきて、これ以上電話での対応はできないと断っているにもかかわらず、なおも電話をかけ続け、その結果、施術所の電話回線を塞ぎ、他の電話に出られないなどの業務に支障が生じた場合、偽計業務妨害罪（刑法233条）が成立する可能性があります。「偽計」とは、他人を欺くことです。施術所にかかってくる電話は、予約やその他の問い合わせの電話だと思って対応するわけで、これ以上電話での対応はできないと断っているにもかかわらずなおも掛けてくる電話は、通常の予約や問い合わせを装った電話となります。これによって業務に支障が生じているので、偽計業務妨害罪となるのです。偽計業務妨害罪は、3年以下の懲役または50万円以下の罰金に処せられます。

(3) 来院して大声でクレームを言う

　他の患者がいるにもかかわらず、「この整骨院はひどいぞ！患者にけがをさせておきながら謝りもしない！」などと大声で怒鳴り立てる行為は、威力を用いて業務を妨害した威力業務妨害罪（刑法234条）が成立する可能性があります。「威力」というのは、威勢、人数、四囲の情勢から、人の自由意思を制圧するに足りる勢力という意味です。威力業務妨害罪は、3年以下の懲役または50万円以下の罰金に処せられます。

　発言内容が柔道整復師の社会的評価を害するものであった場合、名誉棄損罪（刑法230条）や侮辱罪（刑法231条）が成立する可能性もあります。

　他の患者がいるので奥で話を聞くと申し向けたにもかかわらずそれを聞かず、では、他の患者が帰った後で改めて話を聞くので出直してもら

いたいと申し向けたにもかかわらずそれを聞かず、なお施術所にとどまってクレームを言い続けているという場合、退去の要請を受けたにもかかわらずこれに応じなかったとして、不退去罪（刑法130条後段）が成立します。不退去罪は、3年以下の懲役または10万円以下の罰金に処せられます。

図表6-4　カスタマーハラスメントが抵触する法律

【傷害罪】刑法204条：人の身体を傷害した者は、15年以下の懲役または50万円以下の罰金に処する。

【暴行罪】刑法208条：暴行を加えたものが人を傷害するに至らなかったときは、2年以下の懲役もしくは30万円以下の罰金または拘留もしくは科料に処する。

【脅迫罪】刑法222条：生命、身体、自由、名誉または財産に対し害を加える旨を告知して人を脅迫した者は、2年以下の懲役または30万円以下の罰金に処する。

【恐喝罪】刑法249条1項：人を恐喝して財物を交付させた者は、10年以下の懲役に処する。刑法249条2項：前項の方法により、財産上不法の利益を得、または他人にこれを得させた者も、同項と同様にする。

【未遂罪】刑法250条：この章の未遂は、罰する。

【強要罪】刑法223条：生命、身体、自由、名誉もしくは財産に対し害を加える旨を告知して脅迫し、または暴行を用いて、人に義務のないことを行わせ、または権利の行使を妨害した者は、3年以下の懲役に処する。

【名誉毀損罪】刑法230条：公然と事実を摘示し、人の名誉を毀損した者は、その事実の有無にかかわらず、3年以下の懲役もしくは禁固または50万円以下の罰金に処する。

【侮辱罪】刑法231条：事実を摘示しなくても、公然と人を侮辱した者は、拘留または過料に処する。

【信用毀損及び業務妨害】刑法 233 条：虚偽の風説を流布し、または偽計を用いて、人の信用を毀損し、またはその業務を妨害した者は、3 年以下の懲役または 50 万円以下の罰金に処する。

【威力業務妨害罪】刑法 234 条：威力を用いて人の業務を妨害した者も、前条の例による。

【不退去罪】刑法 130 条：正当な理由がないのに、人の住居もしくは人の看守する邸宅、建造物もしくは艦船に侵入し、または要求を受けたにもかかわらずこれらの場所から退去しなかった者は、3 年以下の懲役または 10 万円以下の罰金に処する。

（出典）厚生労働省「カスタマーハラスメント対策企業マニュアル」

6-8 弁護士や警察に相談する際の留意点

Q 弁護士や警察に相談をする際は、どのようなことに注意すればよいでしょうか？

A クレーマーに関する情報を5W1Hで整理し、時系列に沿って、できれば証拠とともに説明してください。

解説

　弁護士や警察に相談する際は、まず、5W1Hを説明してください。5W1Hとは、いつ（日時）、どこで（場所）、誰が（主体）、誰に（客体）、何を（対象）、どうしたか（方法）です。

　例えば、「Aさんが施術所を訪れ、過去に行った施術につき、大声でクレームを述べた」という出来事の場合、次のように整理して説明することが考えられます。

令和４年８月１日午後３時15分に、私が経営している〇〇接骨院（住所：〇〇）にAさんが内縁の夫と称する男性と2人で訪れ、この内縁の夫と称する者が、対応した受付のB従業員に対して、受付前の待合室で、予約をして来所していた他の患者が３名いる前で、令和４年７月15日に行った施術について、『Aはあんたのところで診てもらってから足が痛くなった。どうしてくれるんだ！誠意を見せろ！俺には有名なドクターの知合いがたくさんいる。その先生も問題のある施術だと言っていた。誠意ある対応がなければ、営業できなくさせてやる』などと大声で怒鳴った。

　院長の私が施術中の他の患者への応対を中断して対応し、「後日改めて話を伺います」と言ったが、Aさんとその内縁の夫と称する者２名はすぐには退去しないで、『何度その態度は！誠意がまったく見られない』などと言って居座り、午後５時になって、『また来るからその時までに誠意が何かをよく考えておけ』などと言って、ようやく出て行った。

いつ

誰が

誰に

どこで

何を

どうしたか

（1）具体的に説明し、必要に応じて資料も持参する

　ポイントは、とにかく具体的に説明することです。日時は、何時何分何秒と、可能な限り細かいほうがよいです。場所も、施術所の構造も念頭に説明できると、より臨場感のある説明となります。「誰が（主体）」や、「誰に（客体）」の説明は、当該人物の身長、体重、年齢、属性（従業員、患者、他の利用者等）などが重要になるため、説明のために資料（従業員の場合は人事記録、患者の場合は施術録など）を持参しましょう。「何を（対象）」や「どうしたか（方法）」については、発言内容や

言い方などを詳細に説明しましょう。「怒鳴っている」というだけでは、それがどの程度悪質なのかがわからないので、具体的なディティールを説明すべきです。録音やメモを取った場合、それらをもとに説明しましょう。

(2) あわせて時系列メモも作成しておく

　次に、何が起きてそれをどう評価するかは、前後の事実関係や背景事情を正確に把握する必要があるため、時系列に沿って説明することが重要です。その際、図表6-4のような時系列メモの作成をお勧めします。書式にこだわる必要はないのですが、例えば、このメモのように、「日時」と「事実」で、いつ、何が起きたかを整理し、「備考」で証拠などを記載していきます。

　証拠になりそうなものがある場合、説明・相談の際に持参しましょう。証拠は、後に不要と判断できるものを除外すればよいわけですから、説明・相談時には、多ければ多いほうがよいです。「関係ないかもしれない」と自己判断で省略することなく、できるだけ多くの資料を持って行きましょう。逆に、証拠がないからとすぐにあきらめる必要はなく、とにかく相談してみることが重要です。

図表6-4　時系列メモの作成例

日　　時	事　　実	備　　考
H28.4.1	当院開設	開設届
R4.7.1	A氏　来所　主訴：○○　■■施術を実施	施術録
R4.7.4	A氏　来所　△△を実施	施術録
R4.7.8	A氏　来所　△△を実施　経過順調	施術録
R4.7.15	A氏　来所　△△を実施　経過順調だったためキャンプに出かけたとのこと	施術録
R4.8.1	A氏　アポなしで来所　怒鳴る	詳細は別紙のとおり
R4.8.2	A氏からTEL　誠意が何か考えたかなど	電話メモ

第7章

情報管理

7-1 遵守すべき法令

Q 情報管理に関して遵守すべき法令にはどのようなものがあるでしょうか？

A 柔道整復師法上、守秘義務が課されているほか（**2-8** 参照）、個人情報取扱事業者として個人情報保護法を遵守する必要があります。

解説

　柔道整復師は、その多くが個人情報取扱事業者に該当しますので、個人情報を取り扱う際のルールを定めた個人情報保護法を遵守しなければなりません。「個人情報取扱事業者」とは、個人情報データベース等を事業の用に供している者をいいますので（個人情報保護法16条2項）、施術録を作成する柔道整復師は、それが紙であっても、検索性があって体系的に構成されていれば（あいうえお順に並べられて保管されていればこれに当たります）、個人情報取扱事業者となります。

　個人情報保護法の規定の意味内容や運用等については、監督機関である個人情報保護委員会がガイドラインを公表していますので、個人情報保護法とガイドラインの両方を見る必要があります。

　主なガイドラインには、次の3つとQ&Aがあります。

図表 7-1　個人情報の保護に関する法律についてのガイドライン一覧

	名称	内容
1	通則編	個人情報保護法全般に関するガイドライン
2	外国にある第三者への提供編	外国にある第三者に個人データを提供することに関するガイドライン
3	第三者提供時の確認・記録編	個人データの第三者提供を受けたり、第三者提供を行ったりする際の確認・記録に関するガイドライン
4	Q&A	ガイドラインに関するQ&Aをまとめたもの

　また、医療・介護関係事業者については、その事業に特化した以下のガイドラインが出されています。

図表 7-2　特定分野ガイドライン（医療関連分野）一覧

	名称	内容
5	医療・介護関係事業者における個人情報の適切な取扱いのためのガイダンス	医療・介護関係事業者の個人情報保護法全般に関するガイドライン
6	健康保険組合等における個人情報の適切な取扱いのためのガイダンス	医療保険者等の個人情報保護法全般に関するガイドライン
7	国民健康保険組合における個人情報の適切な取扱いのためのガイダンス	
8	国民健康保険団体連合会等における個人情報の適切な取扱いのためのガイダンス	

柔道整復師は、厳密には医療・介護関係事業者とは異なりますが、患者の病歴、障害、医療機関での診断結果など、患者が通常他人に知られたくないと考えるであろう情報に接する点は同様なため、上記「5」から「8」までをも踏まえた対応をとるのが望ましいといえます。

　具体的な対応のしかたは、以下で解説します。

7-2 取　　得

Q 個人情報を取得する際に、どのようなことに気をつければよいでしょうか？

⋯⋯⋯⋯⋯⋯⋯⋯⋯⋯⋯⋯⋯⋯⋯⋯⋯⋯⋯⋯⋯⋯⋯⋯

A 利用目的をあらかじめ具体的に特定し、本人に通知または公表しなければなりません。また、申込書などの書面に記載された個人情報を取得する場合、利用目的を明示しなければなりません。要配慮個人情報の場合には、取得にあたって本人の同意が必要になります。

解説

（1）利用目的の特定・通知・公表

　個人情報がどのような利用目的で使われるかが患者にわかるようにするため、また、その範囲内での利用を原則とするため、個人情報を取り扱うにあたっては、利用目的をできる限り特定しなければなりません（個人情報保護法 17 条 1 項）。

　利用目的は、事前に、具体的に特定しておく必要があります。そして、これを原則として本人に通知し、または公表しなければなりません（個人情報保護法 21 条 1 項）。

　「通知」は、本人に利用目的を知らせることを意味します。具体的な方法としては、利用目的を記載した文書を直接本人に渡す方法や、口頭

で本人に告げる方法などが考えられます。「公表」というのは、不特定多数の人々が知ることができるように発表することを意味します。具体的な方法としては、ホームページへの掲載や、施術所内の受付や待合室にポスターを掲示する方法などが考えられます。

　一般の企業ではホームページにプライバシー・ポリシーへのリンクを掲載し、プライバシー・ポリシーに個人情報の利用目的を記載する方法を採っている例が多いです。

　図表 7-3 の「医療・介護関係事業者における個人情報の適切な取扱いのためのガイダンス」別表 2 では、医療関係事業者の通常の業務で想定される利用目的が、以下のとおり、例示されています。これをベースに適宜加筆、修正して作成することで、実態に即したものを簡便に作成できるのではないかと思います。

図表 7-3　「医療・介護関係事業者における個人情報の適切な取扱いのためのガイダンス」別表 2（抜粋）

【患者への医療の提供に必要な利用目的】

〔医療機関等の内部での利用に係る事例〕

- 当該医療機関等が患者等に提供する医療サービス
- 医療保険事務
- 患者に係る医療機関等の管理運営業務のうち、
  - 入退院等の病棟管理
  - 会計・経理
  - 医療事故等の報告
  - 当該患者の医療サービスの向上

〔他の事業者等への情報提供を伴う事例〕

- 当該医療機関等が患者等に提供する医療サービスのうち、
  - 他の病院、診療所、助産所、薬局、訪問看護ステーション、介護サービス事業者等との連携
  - 他の医療機関等からの照会への回答

- 患者の診療等に当たり、外部の医師等の意見・助言を求める場合
- 検体検査業務の委託その他の業務委託
- 家族等への病状説明
・医療保険事務のうち、
- 保険事務の委託
- 審査支払機関へのレセプトの提出（適切な保険者への請求を含む。）
- 審査支払機関又は保険者への照会
- 審査支払機関又は保険者からの照会への回答
・事業者等からの委託を受けて健康診断等を行った場合における、事業者等へのその結果の通知
・医師賠償責任保険などに係る、医療に関する専門の団体、保険会社等への相談又は届出等

【上記以外の利用目的】
〔医療機関等の内部での利用に係る事例〕
・医療機関等の管理運営業務のうち、
- 医療・介護サービスや業務の維持・改善のための基礎資料
- 医療機関等の内部において行われる学生の実習への協力
- 医療機関等の内部において行われる症例研究
〔他の事業者等への情報提供を伴う事例〕
・医療機関等の管理運営業務のうち、
- 外部監査機関への情報提供

（2）利用目的の明示が必要な場合

また、書面または電磁的記録に記載された本人の個人情報を取得する場合には、利用目的を記載した書面を交付するなどの方法で明示しなければなりません（個人情報保護法21条2項）。利用目的の「明示」と

は、単に知らせるだけでなく、本人が利用目的を明確に認識できるように示す必要があるということです。

　初検時に施術申込書や問診票などの書類に氏名や住所を記入してもらっている施術所が多いと思いますが、このような場合、利用目的の明示が必要ということになります。

　具体的には、利用目的を記載した書面を別途交付する方法などが考えられます。また、施術申込書の下部に利用目的を記載し、他の注意事項と合わせてその部分もよく読んでもらった上で記載を求めるという対応でも大丈夫です。

(3) 要配慮個人情報の場合の取得規制

　単純な個人情報とは異なり、人種、信条、社会的身分、病歴、犯罪歴、犯罪により害を被った事実その他本人に対する不当な差別、偏見その他の不利益が生じないようにその取扱いに特に配慮を必要とする要配慮個人情報の場合、これを取得できるのは、法令に基づく場合等のほか、原則として、本人の同意を得た場合に限られます（個人情報保護法20条2項）。

　柔道整復師の施術所では、施術の過程で、診療録等の診療記録や介護関係記録に記載された病歴、診療情報、調剤情報、健康診断の結果、保健指導の内容、障害（身体障害、知的障害、精神障害等）に関する情報、犯罪により害を被った事実等を入手する場合がありますが、これらは要配慮個人情報に該当します。

　施術のために必要な受診歴等の情報は、真に必要な範囲について、患者本人の同意の下で直接患者から取得するほか、第三者提供の要件（**7-5**参照）を適法に満たす者から取得することになります。例えば、患者本人の同意を得ることなくインターネット上で公開されている患者本人の信条や犯罪歴等の情報を取得し、施術録等に記載しておくなどの対応は、個人情報保護法20条2項違反となります。

7-3 情報管理体制

Q 情報管理の体制として、どのようなことに気を
つければよいでしょうか？

A 情報管理体制として、組織的・人的・物理的・
技術的に、安全管理措置を講ずる必要がありま
す。

解説

　柔道整復師が取り扱う個人データの漏洩、滅失または毀損を防止する
ため、個人情報の安全管理措置を講ずる必要があります（個人情報保護
法 23 条）。以下では、ガイドラインにおける従業員の数が 100 人以下
の中小規模事業者に当たる施術所を念頭に解説します。

（1）組織的安全管理措置

　まず、情報を安全に管理できる組織体制を備えておく必要がありま
す。
　例えば、情報を安全に管理する責任者を定め、どの従業員がどういう
情報にどの程度アクセスすることができるのか（閲覧のみ、削除・更新
も行うなどの別）を整理し、決定していくことが必要です。
　その上で、個人データを扱う従業員が、個人情報保護法や施術所内部
の規律（就業規則など）に沿った取扱いができているか否かを検証でき

るように記録を整備することも求められます。中小規模事業者の場合、ログ等の記録をつけるのではなく、実際の取扱いを責任ある立場の者が確認することでもよいとされていますが、柔道整復師の扱う個人データには要配慮個人情報が多く含まれていることに鑑みると、個人データが記載、記録された書類、媒体の利用、出力、持運び、廃棄などをきちんと記録しておくことが必要と考えます。

さらに、漏洩等の問題が発生した場合、その被害を最小限に食い止めるためにも、従業員から責任者への報告・連絡を徹底し、その体制を整備すること、現在の安全管理措置について定期的な点検を行うことなども求められます。

特に、漏えい等が発生した場合、発生してから対応を検討していては被害が拡大するおそれがあり、迅速かつ適切な対応が必要になります。そのため、平常時から、漏えい等発生時の、①事実関係の調査方法、②影響を受ける可能性のある者に対する連絡体制、③個人情報保護委員会等への報告、④再発防止策の検討体制、⑤事実関係や再発防止策の公表方法などを検討しておく必要があります。

なお、漏えい等が発生した場合、本人への通知と個人情報保護委員会への報告が義務づけられています（個人情報保護法 26 条）。

(2) 人的安全管理措置

実際に情報に接し、取り扱うのは個々の従業員であることから、正しい個人情報保護に関する理解がなければ適切な取扱いを徹底することができません。そこで、従業員への教育を行う必要があります。定期的な研修を行い、個人情報に関するルールの説明を行ったり、ヒヤリハット事例を共有したり、他の事業者における漏洩等の事例をもとに自己の施術所の体制の見直しの検討を行ったりすることが効果的でしょう。

また、取扱いの実態が適切であるかを確認し、必要に応じて是正を指導するなど、従業員の監督も必要です（個人情報保護法 24 条）。

安全管理措置というと、物理面・技術面に目を奪われがちなのです

が、結局、情報を取り扱うのは「人」の問題であることが少なくありません。そこで、「人」に着目した組織的安全管理措置および人的安全管理措置こそ注意を払う必要が高いと考えます。雇用契約または就業規則において、雇用期間中のみならず、退職後も含めて守秘義務を課しておくことも重要です。

(3) 物理的安全管理措置

物理的な安全管理措置としては、まず、個人データをどこで取り扱っているかを把握し、管理する必要があります。中小規模事業者の場合、人の往来が少ない場所で個人データを取り扱うことを徹底し、万が一他人の目に触れる可能性がある場所で取り扱う場合、パソコンのスクリーンセーバーを設定したり、机の上に書類を放置しないことを徹底したりするなどの対応が必要です。

また、盗難にも注意を払う必要があり、例えば、個人データが記載されている書類やパソコンをロッカーに施錠して保管したりすることが考えられます。

紛失も少なくありません。個人データが保存されているパソコンやUSBメモリを紛失したなどの例が、とても多いです。このような場合に備えて、持ち運ぶ個人データは暗号化したり、パスワードをかけたりする方法が考えられます。

個人データの削除・廃棄も適正に行う必要があります。削除・廃棄はシュレッダー処理をするとか、機密文書を溶解廃棄する業者に委託するなどの方法が考えられます。

(4) 技術的安全管理措置

共用のパソコンに個人データが入っていて、従業員の誰もがこれにアクセスできるという状況は漏洩リスクが高く、また、それが顕在化した場合に、いつ、誰が、何にアクセスしたのかを判別するのが困難です。

そこで、不必要に個人データにアクセスできないようアクセス制御をする必要があります。具体的には、個人データを格納するパソコンを限定し、そこへのアクセスは、あらかじめ付与したユーザーID とパスワードを入力してログインする必要があるよう設定しておき、特定の従業員のみに、その ID とパスワードを教示するという方法が考えられます。

　当該パソコンがインターネットに接続されている場合、ファイヤーウォール、セキュリティ対策ソフトウェア等の導入や、ログ等の定期的な分析による検知等によって、外部から不正アクセス等を防止しなければなりません。ウイルス対策は日進月歩の世界ですので、導入したセキュリティ対策ソフトウェアを常に最新のものに更新することも忘れずに行いましょう。

7-4 利　用

Q 個人情報の利用にあたって、どのようなことを遵守すべきでしょうか？

. . . .

A あらかじめ特定した利用目的の達成に必要な範囲内で利用するのが原則ですが、一定の場合は例外的に目的外利用が可能です。

解説

（1）目的内利用

　個人情報は、あらかじめ特定した利用目的の達成に必要な範囲を超えてこれを取り扱うことが原則として禁止されています（個人情報保護法18条1項）。目的外利用を行う際は、一部の例外を除き、あらかじめ本人の同意を得ることが必要です。したがって、まず行うべきは、個人情報を取得する際に特定した利用目的の確認です（**7-2** 参照）。

　例えば、利用目的に「アンケートの実施」と記載していた場合においてアンケートを患者の住所宛てに発送することは、利用目的の範囲内となります。他方、回答があったアンケートを分析して広告を作成し、当該広告を患者の住所宛てに発送することは、利用目的の範囲外となります。この場合、利用目的に「広告の送付」を付け加えておけば、目的の範囲内となるわけです。したがって、利用目的をどのように設定するかも重要です。

(2) 不適正な利用の禁止

　もっとも、違法または不当な行為を助長し、または誘発するおそれの
ある方法により個人情報を利用することは禁止されています（個人情報
保護法 19 条）。

　最近では、公告された破産者情報を収集してデータベースを作成し、
Google マップに関連づけて「破産者マップ」を公開した事例があり、
このときは、個人情報保護委員会の指導を受けて閉鎖されました。

　また、悪質クレーマーの被害に遭った場合に（**6-5** 参照）、悪質ク
レーマーの氏名や行為を公開するといった行為に出てしまうと、それは
さらなる反発・暴発を誘発するおそれがあり、違法・不当な行為を助長
または誘発させたものとして、不適正利用の禁止に該当するおそれがあ
ります。

(3) 目的外利用が認められる場合

　例外的に、本人の同意を得なくても目的外利用ができる場合がありま
す（個人情報保護法 18 条 3 項）。裁判官の令状に基づく捜査に対応す
る場合など法令に基づく場合や、来院した患者が急に意識不明となり救
命隊員に患者の個人情報を伝えるといったケースで、生命・身体・財産
の保護の必要がある場合で本人の同意を得ることが困難である場合など
です。

　この点、災害時に個人情報保護法が壁になって家族の避難先や入院先
を教えてもらえなかった、などの報道がなされたことがありました。し
かし本来的には、本人の同意がなくても、生命・身体・財産の保護の必
要がある場合で本人の同意を得ることが困難な場合は、目的外利用が可
能です（個人情報保護法 18 条 3 項 2 号）。個人情報保護法というと、
何でも「本人の同意が必要」と誤解してしまいがちですが、保護一辺倒
の法律ではありませんので、正しく理解していただきたいところです。

7-5 提　供

Q 個人データを第三者に提供する際、どのような点に注意すればよいでしょうか？

A 本人の同意を得て行うのが原則ですが、一定の場合は例外的に同意なく提供可能です。

解説

　個人データは、あらかじめ本人の同意を得ないでこれを第三者に提供することは、原則として禁止されています（個人情報保護法27条1項）。本人の同意は、「あらかじめ」得ておく必要があります。つまり、情報提供前に同意が必要ということです。同意を得る形式については特段制限がありませんので、口頭によるやりとりでも可能です。もっとも、後に同意の有無が争われた際、何も証拠が残っていないという状況では紛争のもとになり得ますので、何か記録に残す形式を採用すべきでしょう。

　第三者提供の制限は、そもそも第三者提供に該当しないケースや本人の同意を得ないで提供できる例外的ケースが多いにもかかわらず、「本人の同意が必要」という誤解が広まっている弊害のほうが目立ちます。

(1) 第三者提供に該当しないケース

　まず、そもそもの話なのですが、問題となるのは「第三者」への「提供」なので、施術所内の柔道整復師または事務員内で個人データを授受する場合はこれには当たりません。また、当然ですが本人への交付は「第三者提供」ではありません。

　弁護士が個人事業取扱事業者の代理人として個人データを利用する場合も、「第三者」への「提供」には当たりません。

(2) 委託・事業承継・共同利用のケース

　個人データの取扱いを外部委託することに伴って外部の委託業者に提供することは、本人の同意なく行うことができます（個人情報保護法27条5項1号）。例えば、「アンケートの実施」を利用目的としている場合に、アンケートの発送や分析を外部の委託業者に委託して行うようなケースです。これは、情報処理作業を外部に委託することがむしろ一般的となっている昨今において、このような場合にまで全員から個別の同意が必要とするのは非現実的だからです。他方、委託をする際は委託業者に対する監督責任を負うことになります（個人情報保護法25条）。委託先に対する必要かつ適切な監督をもって、個人データの安全を確保しようという考え方が採用されているのです。

　合併や事業譲渡などの事業承継のケースも、本人の同意なく個人データの提供が可能です（個人情報保護法27条5項2号）。これも、事業承継の場合に全員から個別の同意を必要とするのは非現実的で、事業承継が進まなくなるおそれがあるからです。

　共同利用のケースも、共同利用する個人データの項目や共同利用する者の範囲などをあらかじめ通知し、または本人が容易に知り得る状態に置いているときは、本人の同意なく個人データの提供が可能です（個人情報保護法27条5項3号）。典型例は、金融機関の間で支払いの延滞情報を交換する場合や病院と訪問看護ステーションが共同で医療サービ

スを提供している場合などです。

(3) 本人の同意を得ないで提供できるケース

目的外利用が認められる場合と同様（**7-4** 参照）、法令に基づく場合や生命等保護の必要がある場合などには、本人の同意を得ないで提供が可能です（個人情報保護法 27 条 1 項）。

また、あらかじめ本人の同意を得ていなくても、本人の求めに応じて第三者提供を停止することとしている場合であって、所定事項の個人情報保護委員会への届出を行っているときは、第三者提供が可能です（個人情報保護法 27 条 2 項）。これは、「オプトアウト」方式とよばれるもので、要するに「嫌だ」と言った者について第三者提供は行わないという仕組みです。ただし、要配慮個人情報（**7-2** 参照）の場合、オプトアウト方式は認められていません（個人情報保護法 27 条 2 項ただし書）。

このように、個人情報保護法は保護一辺倒というわけではなく、個人情報の有用性にも配慮した構成になっています。

7-6 令和4年4月1日からの改正点

Q 最近、個人情報保護法が大きく改正されたと聞きましたが、どのような内容でしょうか?

A 令和2年と令和3年に改正があり、これらが令和4年4月1日から施行されました。

解説

(1) 改正経過

個人情報保護法の成立とその後の改正の経過を整理すると、図表7-4のとおりです。今般施行されたのは、令和2年と令和3年に改正されたものです。

(2) 改正内容の概要

① 令和2年改正

令和2年の改正は、個人情報に対する意識の高まり、技術革新を踏まえた保護と利用のバランス、個人情報が多様に利活用される時代における事業者責任の在り方、越境移転データの流通増大に伴う新たなリスクへの対応等の観点から、図表7-5のような改正が行われました。

図表 7-4　個人情報保護法の経過

平成 15 年　個人情報保護法成立

⬇　情報通信技術の発展によりパーソナルデータの利活用が可能
に

平成 27 年　個人情報保護法改正

⬇　3 年ごとに見直しを図ることに

平成 29 年　改正個人情報保護法全面施行

⬇

令和 2 年　個人情報保護法改正

⬇　3 年ごとの見直しに基づく改正

令和 3 年　個人情報保護制度の官民一元化

民間部門、行政機関、独立行政法人等に係る
個人情報に関する規定を集約・統合

ここが施行

図表7-5　令和2年改正法の概要

1.　個人の権利の在り方

- **利用停止・消去等の個人の請求権**について、一部の法違反の場合に加えて、**個人の権利又は正当な利益が害されるおそれがある場合にも拡充**する。
- **保有個人データの開示方法**（現行、原則、書面の交付）について、**電磁的記録の提供を含め、本人が指示できる**ようにする。
- 個人データの授受に関する**第三者提供記録**について、**本人が開示請求できる**ようにする。
- 6ヶ月以内に消去する**短期保存データ**について、保有個人データに含めることとし、**開示、利用停止等の対象**とする。
- オプトアウト規定(※)により第三者に提供できる個人データの範囲を限定し、①**不正取得された個人データ、②オプトアウト規定により提供された個人データについても対象外**とする。
  （※）本人の求めがあれば事後的に停止することを前提に、提供する個人データの項目等を公表等した上で、本人の同意なく第三者に個人データを提供できる制度。

2.　事業者の守るべき責務の在り方

- 漏えい等が発生し、個人の権利利益を害するおそれが大きい場合(※)に、**委員会への報告及び本人への通知を義務化**する。
  （※）一定の類型（要配慮個人情報、不正アクセス、財産的被害）、一定数以上の個人データの漏えい等
- **違法又は不当な行為を助長する**等の**不適正な方法**により個人情報を利用してはならない旨を明確化する。

3.　事業者による自主的な取組を促す仕組みの在り方

- 認定団体制度について、現行制度(※)に加え、**企業の特定分野(部門)を対象とする団体**を認定できるようにする。
  （※）現行の認定団体は、対象事業者の全ての分野（部門）を対象とする。

4.　データ利活用の在り方

- 氏名等を削除した**「仮名加工情報」を創設**し、内部分析に限定する等を条件に、**開示・利用停止請求への対応等の義務を緩和**する。
- 提供元では個人データに該当しないものの、**提供先において個人データとなることが想定される情報の第三者提供**について、**本人同意が得られていること等の確認を義務**付ける。

5.　ペナルティの在り方

- 委員会による命令違反・委員会に対する虚偽報告等の**法定刑を引き上げる**。
- 命令違反等の罰金について、法人と個人の資力格差等を勘案して、**法人に対しては行為者よりも罰金刑の最高額を引き上げる**（法人重科）。

6.　法の域外適用・越境移転の在り方

- 日本国内にある者に係る個人情報等を取り扱う外国事業者を、**罰則によって担保された報告徴収・命令の対象**とする。
- 外国にある第三者への個人データの提供時に、**移転先事業者における個人情報の取扱いに関する本人への情報提供の充実等**を求める。

8

（出典）個人情報保護委員会
「個人情報保護法令和2年改正及び令和3年改正案について」

②　令和3年改正

　令和3年の改正は、民間部門、行政機関、独立行政法人等に係る個人情報の保護に関する規定を集約し、一本化するためのものです。

　具体的には、個人情報保護法、行政機関個人情報保護法、独立行政法人等個人情報保護法の3法を統合して1本の法律にし（改正個人情報保護法）、個人情報の全国的な共通ルールを設定し、個人情報保護委員会が我が国全体における個人情報の取扱いを一元的に監視監督する体制を構築するものです。

図表 7-6　個人情報保護制度見直しの全体像

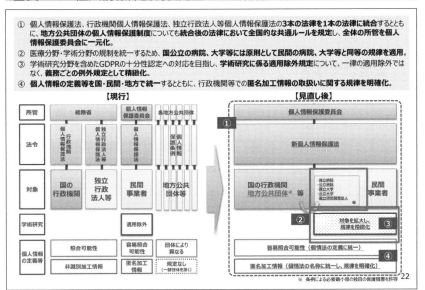

（出典）個人情報保護委員会
「個人情報保護法令和2年改正及び令和3年改正案について」

(3) チェックポイント

　上記のうち、中小企業がすぐに取り組むべきチェックポイントとして次の6つが個人情報保護委員会より示されています（https://www.ppc.go.jp/files/pdf/privacy_protection_check_point.pdf）。

図表 7-7　中小企業が取り組むべきチェックポイント

1　万が一に備え漏えい等報告・本人通知の手順を整備しましょう
2　個人データを外国の第三者へ提供しているか確認しましょう
3　安全管理措置を公表する等本人の知り得る状態に置きましょう
4　保有個人データを棚卸し、開示請求等に備えましょう
5　個人情報を不適正に利用していないか確認しましょう
6　個人関連情報の利用状況や提供先を確認しましょう

以下では、便宜上**図表7-7**のポイントを7つに整理し直して解説します。

① 安全管理措置の公表義務化

保有個人データ（個人情報取扱事業者が、開示、訂正、追加または削除、利用の停止、消去および第三者への提供停止を行うことのできる権限を有する個人データ）に関し、安全管理措置、苦情の申出先等を本人の知り得る状態に置かなければならないことになりました（個人情報保護法32条1項4号）。

これは、既に措置すべきことが義務化されている安全管理措置（個人情報保護法23条）について、措置した安全管理措置の内容を、本人が知り得る状態に置かなければならないと規定されたものです。

安全管理措置の具体例については、**7-3**やガイドライン（通則編）を参照してください。

② 漏えい時の報告義務化

個人データ（個人情報データベース等を構成する個人情報）の漏えい、滅失、毀損等が生じ、個人の権利利益を害するおそれが大きい場合には、個人情報保護委員会に報告することと、本人に対して通知することが義務づけられました（個人情報保護法26条）。

これは、改正前は報告が義務づけられていなかったところ、積極的に対応しない事業者が一部存在しており、個人情報保護委員会が事案を適切に把握できないという事態に対処するため、報告および本人への通知が義務づけられたものです。

③ 越境移転に係る情報提供の充実

外国にある第三者への個人データ提供時に、移転先事業者における個

人情報の取扱いに関する本人への情報提供の充実が求められます（個人情報保護法 28 条）。

　改正前は、外国にある第三者に個人データを提供するには、①本人の同意、②基準に適合する体制を整備した事業者であること、③我が国と同等の水準国（EU、英国）であることが要件とされていました。改正により、上記に加えて、④本人の同意取得時に、移転先国の名称、移転先国における個人情報の保護に関する制度の有無等について本人に情報提供すること、⑤基準に適合する体制を整備した事業者について、移転先事業者の取扱状況等の定期的な確認を行い、本人の求めに応じて関連情報を提供することが必要となります。

　これは、近年、Google などの多国籍企業が膨大な個人データを国境を越えて利用するようになり、本人が知らないまま個人データが越境移転する場合が増大していることに鑑み、越境移転の際、越境移転先における個人情報保護法制が不十分であると個人の権利利益が侵害されるおそれがあることから、情報提供を充実化させることが義務づけられたものです。

④　不適正利用の禁止

　違法または不当な行為を助長し、または誘発するおそれがある方法により個人情報を利用してはならないことが明記されました（個人情報保護法 19 条）。

　これは、官報で公告される破産者情報を収集してデータベースを作成し、Google マップに関連づけて「破産者マップ」が公開されたという問題が起きたことに代表されるように、昨今の急速なデータ分析技術の向上等を背景として、潜在的に個人の権利利益の侵害につながることが懸念される個人情報の利用形態がみられるようになったことを受けて規定されたものです。

　「不当」とは、「違法」とまでいえなくても実質的にみて妥当でないことを意味します。上記の「破産者マップ」のようなものを作成する行為

や、いわゆる名簿業者への情報提供行為が禁止されるということになります。

⑤ 開示方法の拡充

　保有個人データの開示方法は、電磁的記録の提供を含め、本人が指示できるようになりました（個人情報保護法33条1項）。

　改正前は書面による交付が原則でしたが、電磁的記録の提供を求めることが可能となったものです。電磁的記録の提供は、例えば、CD-ROM等の媒体の郵送、電子メールの送信、ウェブサイトでのダウンロードなどです。

　事業者としては、本人が求める方法で開示しなければなりません。もっとも、開示に多額の費用を要する場合その他の当該方法による開示が困難である場合は書面の交付による方法でも可能とされています（個人情報保護法33条2項）。実際上は、事業者側で可能な開示方法を事前に複数提示しておき、開示請求者にはその中から開示方法を選択させるという運用が望ましいと考えます。

⑥ 利用停止・消去の拡充

　(a)利用する必要がなくなった場合、(b)個人情報保護委員会への報告義務がある重大な漏えい等が発生した場合、(c)本人の権利または正当な利益が害されるおそれがある場合に、保有個人データの利用停止または消去を求めることができることになりました（個人情報保護法35条5項）。

　改正前は、利用停止または消去を求めることができるのは目的外利用や不正取得の場合に限定されていましたが、上記(a)から(c)の各場合にも利用停止または消去を求めることができるようになりました。

(a)　利用する必要がなくなった場合とは、例えば、ダイレクトメールを送付するために保有していた情報について、本人からの求めを受けて

ダイレクトメールの送付を停止した後、本人が消去を請求した場合などです。

(b)　重大漏えい等の場合とは、上記②を指します。

(c)　権利利益の侵害のおそれがある場合とは、退職した従業員の情報を自社のホームページに掲載し続け、本人の不利益となった場合などです。

⑦　個人関連情報の第三者提供規制

　提供元では個人データに該当しないものの、提供先において個人データとなることが想定される情報の第三者提供について、本人の同意が得られていること等の確認が義務づけられました（個人情報保護法31条）。

　これは、A社では誰の個人データかわからない情報をB社に提供したところ、B社ではA社と顧客IDなどを共有していて、B社においては提供された個人データを自社内のIDなどと突合することでIDなどと紐づいた個人データを取得することになるようなケースで、本人の同意が得られていること等の確認が必要とされたものです。

　背景事情として、ユーザーデータを大量に集積し、それを瞬時に突合して個人データとする技術が発展・普及したことにより、提供先において個人データとなることをあらかじめ知りながら非個人情報として第三者に提供するというスキームが横行していることがあり、こうしたケースに本人の関与を必須としたものです。

7-7 マイナンバー

Q マイナンバーの取扱いについて、どのような点に気をつければよいでしょうか？

A マイナンバー法を遵守する必要があります。基本的な発想としては、マイナンバーを「特に重要な個人情報」と位置づけるのが有益です。

解説

(1) マイナンバーとは

　マイナンバーとは、住民票に係る者を識別するために指定される 12 桁の番号です。これは、行政機関が行政運営の効率化を図ること等を目的として、平成 27 年 10 月 5 日から施行された制度です（「行政手続における特定の個人を識別するための番号の利用等に関する法律」、以下、「マイナンバー法」といいます）。

　どう効率的かというと、一言で言えば、各人をマイナンバーで識別することが可能になるという点です。書類だけで個人を特定しようとする場合、氏名、生年月日、住所、本籍地、性別、職業などの複数の情報が必要になります。しかも、住所、本籍地、職業などは引越し等で変わる可能性が大いにある項目ですし、氏名、性別も変わる可能性があります。このような特定にかかる手間と困難を克服するために編み出されたのが、マイナンバーです。

(2) マイナンバーが必要となる場面

　柔道整復師の施術所においても、マイナンバーが必要となる場面が少なくありません。従業員の給与からの源泉徴収や社会保険料の納付などには、マイナンバーの取得が必要となります。また、弁護士等の個人事業主に業務を委託する場合の報酬の支払などに伴う支払調書作成の際にも必要となります。

　令和3年10月からは、マイナンバーカードが保険証として使えるようになりました。使用可能な医療機関・薬局は徐々に拡大していくものと見込まれます。

(3) マイナンバーを取り扱う上で遵守すべき法令

　マイナンバーの取扱いについては、マイナンバー法およびマイナンバーに関するガイドラインを遵守する必要があります。

　マイナンバーも個人情報の一つにほかならず、基本的な取扱いルールは個人情報に関するルールがベースにあります。しかし、個人を識別し、様々な情報と紐づいている数字ですので、通常の個人情報よりも慎重な扱いが求められます。具体的には、以下のとおりです。

①　取得の際の本人確認

　マイナンバーを取得する場合、本人であることを確認するための措置をとらなければなりません（マイナンバー法16条）。

　最も簡便なのは、マイナンバーカード自体を確認書類とする方法です。マイナンバーカードを発行していない場合は、住民票の写しによってマイナンバーを確認し、併せて自動車運転免許証やパスポートなどの顔写真付き身元確認書類でも確認します。

② 目的の限定

　マイナンバーは、利用範囲が税、社会保障、災害対策に限られており、その範囲で利用目的を決める必要があります（マイナンバー法9条）。

　仮に本人の同意があったとしても、特定された利用目的の達成に必要な範囲を超えた利用はできません。つまり、民間事業者がマイナンバーを自社の顧客管理のために使うことはできません。

③ 安全管理措置

　マイナンバーを取り扱う事業者は、マイナンバーの漏洩、滅失または毀損の防止その他の適切な管理のために必要な措置を講じなければなりません（マイナンバー法12条）。この安全管理措置については、個人情報の取扱いの場合と基本的な点は共通しています。

④ 第三者提供の制限

　個人データの場合、本人の同意がある場合や法令に基づく場合等には第三者提供が可能ですが、マイナンバーは、本人の同意の有無は関係なく、第三者提供ができる場合がそもそも限られています（マイナンバー法19条）。

⑤ 再委託の許諾

　個人データにせよマイナンバーにせよ、取扱いを委託する場合には、委託を受けた者に対する必要かつ適切な監督を行わなければならない点は同じです（個人情報保護法25条、マイナンバー法11条）。

　もっとも、マイナンバーの場合、その前提として、委託をした者の許諾を得た場合に限って、再委託をすることが可能です（マイナンバー法10

条）。再委託の際には、委託者の許諾が必要となる点に注意が必要です。

⑥　漏洩等発生時の対応

　漏洩、滅失、毀損等（以下、「漏洩等」といいます）の発生時、それが個人の権利利益を害するおそれが大きいものである重大事態の場合に個人情報保護委員会への報告が義務づけられている点は、個人情報の場合と同様です（マイナンバー法 29 条の 4）。

7-8 本人からの開示請求への対応

Q 患者本人から、施術録を開示してほしいとの依頼があった場合、どのように対応すればよいでしょうか？

A 原則として、任意の開示に応じるようにしましょう。患者本人には、自己の個人情報の開示を求める権利があるからです。開示を拒否することができる事由は限られており、これに該当しない以上、本人の希望に応じて開示に応じるべきです。開示を拒絶した場合、訴え提起がなされる可能性のほか、証拠保全という対応がなされる可能性もあります。

解説

(1) 自己情報の開示請求権

　個人情報取扱事業者は、保有個人データの開示を求められたときは、それを開示する義務があります（個人情報保護法33条）。

　柔道整復師に対して、患者側から施術録などの開示を求められる場面は少なくありません。患者側が情報の開示を求める理由は様々で、交通事故の損害賠償請求をする上で必要だったり、別の施術所や医療機関を受診するためだったり、時にはクレームを言うためだったりするかもし

れません。このような患者側の動機の如何を問わず、患者から施術録などの開示請求があった場合は、原則として、任意にこれを開示する必要があります。なぜなら、個人情報は、本来、本人のものだからです。本人のものを個人情報取扱事業者がその事業のために利用しているに過ぎないのです。

開示の対象となるのは保有個人データという情報で、それが記載されているものすべてです。具体的には、施術録、検査記録、同意書、説明書、施術料明細書（レセプト）などが対象となり得ます。

(2) 参照すべき指針

厚生労働省は、「医療機関等における個人情報保護のあり方に関する検討会」において、「診療情報の提供等に関する指針」を示しています。

これは、「インフォームド・コンセントの理念や個人情報保護の考え方を踏まえ、医師、歯科医師、薬剤師、看護師その他の医療従事者及び医療機関の管理者」に対して、「診療情報の提供等に関する役割や責任の内容の明確化・具体化」を図ったものです。指針では、診療記録の開示について、「医療従事者等は、患者等が患者の診療記録の開示を求めた場合には、原則としてこれに応じなければならない」と規定されています。

現在、医療機関の多くはこの指針に基づく対応をしており、患者本人からの自己情報開示請求に対して任意の開示に応じるところが多数です。柔道整復師も、患者の健康を取り扱う広義の医療従事者として、当該指針に基づく対応をすべきと考えます。

(3) 自己情報開示請求権の例外

自己情報開示請求権には例外があり、
① 本人または第三者の生命、身体、財産等の権利利益を害するおそれがある場合

② 個人情報取扱事業者の業務の適正な実施に著しい支障を及ぼすおそれがある場合

③ 開示が他の法令に違反する場合

には、開示しないことが認められています（個人情報保護法33条2項）。

　上記①の生命・身体等を害するおそれとは、典型的には、患者が自らの不知の病いを知ることで本人の精神的・身体的状況を悪化させるおそれがある場合です。

　上記②は、悪質クレーマーから開示請求がなされた場合（**6-3**参照）、この場合に該当するとして開示請求を拒否することがあり得ます。他の施術所や医療機関から入手した情報で、例えば、「この患者は不穏につき対応に注意」などの注意書きが記載されていた場合、それが患者に明らかになると情報提供者との信頼関係が失われるおそれがありますので、このような場合も、上記②に該当するものと整理することができます。

　もっとも、施術録などを不開示とすることは患者側からは不誠実な対応と受け取られ、紛争を劇化させる可能性が大きいです。したがって、普段から施術録への正確かつ具体的な記載を心がけ、開示請求の際は応じるのを原則とし、説明を尽くして理解を促すという対応を基本とすべきです。これにより言いがかりのようなクレームを排斥し、つまらない誤解を解くことにつながり、紛争リスクを抑えることができます。

(4) 自己情報請求を拒否した場合

　上記 **(3)** の拒絶事由がないにもかかわらず開示請求を拒否し続けた場合、訴訟が提起される可能性があります（個人情報保護法39条）。

　また、証拠保全（民事訴訟法234条）という措置がとられることもあります。証拠保全とは、施術ミスが疑われる場合など、あらかじめ証拠調べをしておかなければ施術録の改ざんや廃棄のおそれがあって、その証拠の使用をすることが困難となる事情があると一応認められる場合

第7章　情報管理

に、裁判所が証拠を押さえて証拠調べをしてしまうというものです（大学病院の問題点を描いた小説『白い巨塔』（山崎豊子作）でも登場します）。

　施術所側からは、ある日突然裁判官と裁判所職員らが施術所に複数やって来て所内にある様々な物品を証拠を押さえ、写真を撮影するなどの作業が行われるというものです。通常業務に支障が出るばかりか、レピュテーションリスクを著しく高めることから、絶対に避けたい事態です。

7-9 第三者からの開示請求への対応

Q 第三者から施術録の開示請求があった場合はどのように対応すればよいでしょうか？

A 「第三者提供」の場合ですので（**7-5**参照）、法所定の場合のほか、原則として、患者本人の同意を得ないと提供できません。第三者の属性や状況によって、同意の取り方にも注意が必要です。

解説

(1) 患者の家族

　患者の家族であっても、患者本人からすれば「第三者」ですので、施術に関する情報を患者の同意を得ないで提供することはできません。

(2) 勤　務　先

　勤務先も同様で、患者本人からすれば「第三者」にほかならず、患者の同意が必要です。

　勤務先からの問合せでは、患者が業務にたえられるかどうかや、業務遂行上の注意点を尋ねられるといった場合があります。この場合、患者の意向と勤務先の考え方が必ずしも一致していないことがありますので、トラブルを避けるためにも、患者の意向を確認するとともに勤務先

の担当者に患者と一緒に来院してもらい、患者同席のもと、説明をするという対応をお勧めします。

(3) 損害保険会社

損害保険会社にも、前二者と同様で患者の同意が必要になります。

もっとも、損害保険会社は、患者が自署した同意書や委任状を備えて開示請求をしてくるケースがほとんどです。この場合、形式的には患者の同意を備えていることになります。ただし、損害保険会社は交通事故の相手方の保険会社であることがほとんどですので、いわば紛争状態にある相手方の立場で請求してきているといえます。患者も、個人情報の提供について同意したという認識が必ずしも十分でないまま同意書に署名したということも少なくないため、柔道整復師としては、患者本人に改めて同意の有無を確認するなど慎重な対応をするべきです。

(4) 警　　察

警察からの捜査依頼に対しては、個人情報保護法との関係では「法令に基づく場合」に当たり、患者の本人の同意がなくても提供することが可能です（**7-5** 参照）。

もっとも、個人情報保護法上適法に第三者提供ができる場合であっても、柔道整復師として負っている守秘義務（**2-8** 参照）まで自動的になくなるわけではありません。守秘義務との関係では、対応の必要性や開示の相当性などの点でさらに慎重な検討が必要です。所属会や弁護士に対応を相談することをお勧めします。

(5) 弁 護 士

弁護士も、患者本人から見れば「第三者」ですので、患者本人の同意が必要になります。

他方、弁護士個人ではなく「弁護士会」から質問が来る弁護士会照会という制度があります（弁護士法 23 条の 2）。

　これは、各弁護士が受任している事件について、所属している弁護士会に調査を依頼し、その弁護士会が関係者に対して質問状を送って回答や資料を得ようという制度です。弁護士会照会は、「法令に基づく場合」に該当するので、患者の本人の同意がなくても提供することが可能です。ただし、守秘義務との関係で慎重な検討が必要である点は上記 **(4)** と同様です。難しい判断を伴う場合が少なくありませんので、所属会や弁護士に相談することをお勧めします。

第 8 章

広　　告

8-1 広告の制限

Q 施術所の広告を考えているのですが、どのような点に注意すべきでしょうか？

A 現行の柔道整復師法では、広告可能な事項が極めて限定されていますので、それを遵守する必要があります。

解説

（1）原則禁止

　柔道整復師は、柔道整復師法24条1項において、「文書その他いかなる方法によるを問わず、次に掲げる事項を除くほか、広告をしてはならない」とされています。このように、広告は「できない」のが原則で、例外的に、限られた事項についてのみ行うことができるという考え方が採られています。

　これは、そもそも専門的技術を提供する柔道整復師の良し悪しを患者側が客観的に判定することは難しく、しかも、患者は苦痛を回避したいという容体の下で柔道整復師の施術所を探すことが多いと推察されることから、広告を正しく分析して客観的に理解することが困難な面があり、しかも柔道整復師が提供するサービスは患者の生命・身体に影響を及ぼすものであることから、誤った広告によってサービスを受けたときの不利益も大きいということが考慮されているからです。

なお、ホームページは、現行法上、「広告」には該当しないと解釈されています。これは、医療法では、かつての「ホームページは『広告』ではない」との解釈が平成29年の法改正により規制対象とすることが明記されたのに対し、柔道整復師法では同様の改正が行われておらず、依然としてホームページは規制対象外と整理できるからです。

(2) 広告できる事項

　柔道整復師が、柔道整復師法上、例外的に広告をすることができると認められている事項は、次の事項に限られています。

---

① 柔道整復師である旨並びにその氏名および住所
② 施術所の名称、電話番号および所在の場所を表示する事項
③ 施術日または施術時間
④ その他厚生労働大臣が指定する事項

---

　④「その他厚生労働大臣が指定する事項」は、平成11年3月29日厚生省告示第70号に規定されていて、広告可能な事項は、以下のとおりと定められています。

ア　ほねつぎ（または接骨）
イ　施術所開設の届出をした旨
ウ　医療保険療養費支給申請ができる旨（脱臼または骨折の患部の施術に係る申請には医師の同意が必要な旨を明示する場合に限る）
エ　予約に基づく施術の実施
オ　休日または夜間における施術の実施
カ　出張による施術の実施
キ　駐車設備に関する事項

上記に列挙されていない事項、例えば、「骨折」、「脱臼」、「打撲」、「捻挫」など適応症を表示することはできません。「○○の改善」とか「身体機能の向上」など効果や効能を記載することもできません。施術の流れや施術の内容（例えば、「○○療法」など）を記載することもできません。料金の表示すらできません。

　さすがに時代遅れが甚だしいのではないかと思うのですが、現行法では、広告可能な事項は極めて限定されているのが現実です。

(3) 名称の留意点

　このうち、「施術所の名称」については、広告の問題より以前に、そもそも使用が禁止されているものがあるので注意が必要です。

　まず、医師でない者は、医師またはこれに紛らわしい名称を用いることが禁止されていますので（医師法18条）「整骨医」や「東洋医学医」など、「医」という文字を用いることはできないと解されます。

　次に、病院または診療所でないものは、病院、病院分院、産院、療養所、診療所、診察所、医院その他病院または診療所に紛らわしい名称をつけることは禁止されていますので（医療法3条）、「医療」、「診療」、「治療」などの文字を用いることは、これに抵触する可能性が高いと解されます。

　柔道整復師の施術所を表示する名称としては、「接骨院」のほか、「整骨院」という名称が一般的なものになっていると思いますが、柔道整復師法上は、「ほねつぎ（または接骨）」のみ可能という規定となっていて、規定上は使用することができない名称です。

　実際上は、「○○治療院」、「○○堂」、「○○整体施術所」、「○○治療センター」などの名称の施術所が存在しており、保健所からの指導にはかなりバラつきがあります。

(4) 技能・施術方法・経歴の禁止

　また、広告の内容は、柔道整復師の技能、施術方法または経歴に関する事項にわたってはならないとされています（柔道整復師法24条2項）。これによると、柔道整復の方法を紹介することや、症状別に対処法を記載することはできません。学歴・職歴を記載することなどもできません。経験年数、経験施術数、得意分野なども不可です。

　広告についても、保健所からの指導は実際上かなりバラつきがあり、チラシなどでは、施術者の顔写真、年齢、性別、保有資格、肩書（院長など）、略歴、趣味、特技などが記載されている例を多く見ます。

　また、当該施術所における施術方法やその特色について記載している例も決して少なくないです。時代遅れの規制になっていて、実態に合わせた改正が早期に行われるべきと考えます。

(5) 罰　　則

　これらの広告制限規定に違反した場合、30万円以下の罰金に処せられます（柔道整復師法30条5号）。

(6) 広告規制の改正について

　柔道整復師、あん摩マッサージ指圧師、はり師、きゅう師の広告規制については、厚生労働省において、「あん摩マッサージ指圧師、はり師、きゅう師及び柔道整復師等の広告に関する検討会」が開催され、令和元年11月14日に開催された第8回検討会において、実情に即した広告ガイドラインを策定する動きとなったようです。

　しかし、その後ホームページは改定されていません（本稿執筆の令和4年8月現在）。今後の動向に注目したいところです。

8-2 インターネットや SNS 上の口コミ対策

Q 施術所について、インターネットや SNS 上（以下、総称して「インターネット」といいます）で事実無根の誹謗中傷が書き込まれているのですが、どのように対応すればよいですか？

A ①書込みが行われた媒体を運営している者（コンテンツプロバイダ）に対する削除請求、②書込みを行った発信者を特定した上で、発信者に対する削除請求または損害賠償請求、③名誉毀損罪などを理由とする刑事告訴を行うことなどが考えられます。もっとも、実効的な解決手段を検討する必要がありますので、所属会や専門の弁護士に相談し、治療家である柔道整復師としてあるべき姿、とるべき対応を真摯に検討することをお勧めします。

解説

(1) 法的手段

　インターネット上の書込みによって名誉を侵害された場合、その書込みが行われた媒体を運営している者（コンテンツプロバイダ）に対して、それを削除するよう請求することができます。

　また、書込みを行った投稿者に対して、削除請求をすることもできま

す。削除請求のほかに、損害の賠償を請求することも可能です。

　さらに、名誉毀損罪（刑法 230 条）や侮辱罪（刑法 231 条）が成立するとして刑事告訴をすることも方法として考えられます。

(2) 現実的な検討

　もっとも、これらを実行するにあたって、慎重に検討すべき点が複数あります。

①　何を獲得目標とするか

　まず、コンテンツプロバイダに対する削除請求ですが、コンテンツプロバイダは、あくまで投稿者の投稿内容をそのまま記録または配信しているだけで、投稿された表現内容それ自体について、原則として責任を負いません（プロバイダ責任制限法 3 条 1 項）。いわば、投稿を媒介しているに過ぎないからです。

　では、コンテンツプロバイダが削除に応じるかどうかですが、コンテンツプロバイダは、他人の権利が不当に侵害されていると「信じるに足りる相当の理由」があったときは、投稿を削除しても投稿者に対して責任を負いません（プロバイダ責任制限法 3 条 2 項 1 号）。同様に、投稿者に削除に応じるかどうかの意見照会をして、投稿者が 7 日以内に返答をしなかった場合、投稿を削除しても投稿者に対して責任を負いません（プロバイダ責任制限法 3 条 2 項 2 号）。

　したがって、定められた手順に則って、説得力のある削除請求を行えば、一般的な傾向としては、コンテンツプロバイダが任意の削除請求に応じる可能性はそれなりにあります。また、コンテンツプロバイダからの意見照会に驚いた投稿者が自ら削除したり、削除に同意したりするというケースも少なくありません。

　ですから、削除を目的とするならば、コンテンツプロバイダに対する削除請求に力を入れるべきです。

この場合に注意すべきは、コンテンツプロバイダの中には、一度社内で検討し「削除しない」と決定した場合、その後弁護士が被害者の代理人として交渉したとしても結論を変えることはなく、裁判外での任意の削除請求には頑として応じないという対応をするところが少なくないことです。そのため、削除を請求をする段階から請求内容について整えたものを提出し、削除してもらえる可能性を少しでも高めるべきで、初期の段階から弁護士への委任を積極的に検討すべきと考えます。

　もっとも、削除請求の結果削除されたとしても、投稿者が再度投稿することを防ぐことはできません。再度の投稿がなされた場合、改めて削除請求を行う必要があり、要するにいたちごっこの様相を呈します。

　ですから、再度投稿される可能性がある場合、コンテンツプロバイダに対する削除請求ではなく、投稿者に対して直接対応することを検討しなければなりません。

②　投稿者への対応の難しさ

　投稿者を相手とする場合、まずそれが誰かを特定しなければなりません。突き止めるためには、通常、次のような経過をたどるので、投稿者の前にまず2つのプロバイダを相手にする必要があります。

---

①　**コンテンツプロバイダへの発信者情報開示請求により投稿者のIPアドレスと投稿時間を取得**
⬇
②　**IPアドレスから携帯電話会社やインターネット接続会社などの経由プロバイダを割り出す**
⬇
③　**経由プロバイダへの発信者情報開示請求により、投稿時間にIPアドレスを利用していた契約者（発信者）の情報を入手**

　そして、発信者情報開示請求が認められるためには「権利が侵害されたことが明らかである」必要があり、コンテンツプロバイダも経由プロバイダも、基本的には裁判外での開示請求に対して任意に開示に応じる

ことには極めて消極的です。そのため、請求側は裁判対応が必要になります。

つまり、投稿者を相手とするには、その大前提として、通常、2つのプロバイダに対して裁判を前提とした発信者情報開示請求をそれぞれ行わなければならず、しかも権利侵害の明白性という、ハードルの高い立証が求められるのです。

加えて、通信記録の保存期間の問題もあります。通信記録は短いと3カ月で削除されてしまう場合もあり、発信者情報開示請求手続を行ったところで失敗に終わるということも珍しくありません。コンテンツプロバイダが海外事業者である場合なども、特有の難しさが存在します。

さらに、経由プロバイダは、発信者情報開示請求がなされるとそのことを発信者に通知するため、投稿者からのさらなる攻撃を呼び込むおそれがあります。発信者情報開示請求が認められなかった場合には、「投稿しても大丈夫」などとお墨付きを与えてしまう結果にもなりかねません。

このような手間の重たさと見通しの不確定さがあるということを、十分に理解していただく必要があります。

③　賠償額の少なさ

困難な発信者情報開示請求を経てようやく発信者の情報を入手しても、直ちに発信者を相手に訴訟を提起すべきかというと、それにも慎重な検討が必要です。

なぜなら、訴訟で名誉が侵害されたことによる損害賠償請求が認められたとしても、認められる賠償額は驚くほど低額で、せいぜい数十万円というのが相場観です。弁護士費用も各自負担が原則ですので、賠償額として認められるのはせいぜい認容額の1割程度です。例えば、平成28年9月2日東京地裁判決では、女性に対して、風俗嬢、ブス、ヤリマン、メンヘラなどの投稿が複数回なされ、しかも実名、住所、写真にもたどり着ける内容の投稿であったにもかかわらず、認められたのは慰

謝料 30 万円、弁護士費用 9 万円の合計 39 万円です。

　誹謗・中傷する投稿への怒りから「裁判でも何でも徹底的にやってください」というご相談が少なくありません。その怒りはよく理解できます。しかし、現実的な費用対効果やアクションに伴うリスクを慎重に検討する必要があるケースがほとんど、というのが実感です。

④　より前向きな対応を

　このように、投稿者に対して「書込みは全部削除させ、損害賠償請求も徹底的にやる」と挑んだとしても、望むような結果（満足）が得られる可能性は極めて低いです。

　ですから、努めて、冷静かつ客観的に、自らの柔道整復師のブランド価値を高める対応とはどんなものかを、意識していただきたいのです。

　一つの口コミ評価に対する削除や損害賠償に固執するよりも、より多くの優良な口コミを獲得するほうが有益である場合が多いでしょう。そのために情報発信の精度や頻度を高める方法を検討、実行することは、長く効果を発揮する可能性もあります。

　真の解決策として何を設定するか、それを実現するための最善の方法は何かを専門家とともに検討すべきです。

(3) インターネット上の甘言に注意

　インターネット上の誹謗中傷対策は、様々な解説がされています。中には、法的に誤った解説がなされていることも多々あります。一般化できない事例をあたかも一般的な事例かのように紹介し、高額な慰謝料が認められるかのような期待を煽る情報も流布しています。より露骨に、非弁業者による勧誘広告だったりもします。非弁業者とは、無資格で弁護士業を行う者で、当然、法律上活動が禁止されています（弁護士法 72 条）。都合の良い断片的な情報に惑わされないよう、注意が必要です。

広告規制について

一般社団法人日本柔整鍼灸協会　会長
竹田　潔

　本来、柔道整復師ができる広告の内容は柔道整復師法 24 条および告示（「柔道整復師法第 24 条第 1 項第 4 号の規定に基づく柔道整復の業務又は施術所に関して広告し得る事項」（平成 11 年厚生省告示第 70 号））により広告可能な事項がはっきりと定められていて、それ以外は禁止とされています。ところが、平成 30 年に広告検討会（「あん摩マッサージ指圧師、はり師、きゅう師及び柔道整復師の広告に関する検討会」）が招集されて、広告規制を定めたガイドラインが策定されることになりました。

　事の発端は、柔道整復師やあん摩マッサージ指圧師や鍼灸師（以下、「あはき」といいます）らが開設する施術所における、法律等で認められていない項目を掲示する不正広告の横行が社会的に問題視されたことでした。施術所間の競争に加えカイロプラクティック、整体、リフレクソロジー、リラクゼーションなどの名目で無資格者のマッサージ店も乱立する中で地域競争が激化し、不正を生み出してしまっている現実があります。さらに、無資格者には広告に関する法規制もなく野放し状態になっていることも、患者獲得のための不正行為につながる大きな要因の一つになっているといえます。

　広告検討会は、柔道整復、あはきに関する社会保障審議会医療保険部会療養費検討専門委員会の「広告の不正が横行しており適正化を行うべき」との指摘に加え、医療広告ガイドラインが策定されたこと等も踏まえ、国民に対するあはき柔整等の情報提供の内容のあり方について検討を行うことを目的として、開催が決定されました。

　広告検討会では、当初の予想と大きく異なり、原点回帰を名目に柔道整復師法による広告の制限に戻るとして、より厳しい広告規制を検討する方向で議論がスタートしました。議論の一例として、「整骨」の使用、「診察日、診療時間、休診日、往診」などの「診」の使用など、広告の制限とはまったく関係のない、現在常用されている表現まで認めるかどうかが議題にあがり、見解が分かれました。もしこのような内容が決定されてしまうと、現在使用が認められている「整骨院」の名称が使用できなくなり、「接骨院」または「ほねつぎ」の名称しか

認められないことになります。「診察日、休診日」など日常的に使用している呼称まで使用不可になることも、非常に厳しいものがあります。

　いずれの議論も広告をめぐる課題の解決を目的としていることは理解できますが、本来の広告のあるべき姿とは、国民に柔道整復師とは何業か、どのような症状や病名を扱っているのかを、国家資格者である柔道整復師自らの責任で国民にわかりやすく伝えることであると思います。

　一方、広告の定義については、①利用者を誘引する意図があること（誘因性）、②柔道整復業を提供する者の氏名または施術所の名称が特定可能であること（特定性）、③一般人が認識できる状態にあること（認知性）、の3つを満たす場合との解釈が、検討会で示されました。そして、ホームページについては③認知性がないとの判断で、広告規制の対象外とされたことは、一つの救いであるといえます。

　なお、広告ガイドラインについては、令和元年11月の第8回で上記のような議論を踏まえた上でガイドライン案作成のための方針が示され、意見交換が行われましたが、その後現在（令和4年）に至るまで開催されず、ガイドラインの最終決定は見送られています。この間も所管庁が消費者庁である無資格者の過大広告、病名記載、手技のPRなどは是正されないままとなっているため、直ちに規制していただきたいと切に願っていますが、まずは国家資格者が自制をしてこそ、その後に無資格者の規制を強く訴えられるものと考えます。

第9章

人事労務

9-1 就業規則の作成

Q 就業規則とは何でしょうか？ 従業員が少ない場合でも作成したほうがよいのでしょうか？

A 就業規則は、使用者が定める労働条件や職場規律に関するルールです。常時 10 人以上の労働者を使用する場合には作成義務がありますが、作成義務がない場合でも、職場のルールを明確にして伝えておくことで、無用なトラブルを予防する効果が期待でき、作成することを強く推奨します。

解説

(1) 作成すべき理由

　常時 10 人以上の労働者を使用する使用者は、就業規則を作成し、労働基準監督署に届出をしなければなりません（労基法 89 条）。もっとも、を使用する労働者が常時 10 人未満の場合でも、作成することを強く推奨します。

　なぜなら、複数の者を雇い入れ、組織体として事業を遂行する上で、労働条件を公平に、かつ統一的に設定し、一定の職場秩序を保って効率的な経営を可能にするためには、職場のルールを設定しておくことが必要不可欠だからです。

就業規則で定めた各種ルールは、その内容が合理的で、かつ周知していたときは、それが各労働者との労働契約の内容となります。これにより、統一的な労働条件や労働者が遵守すべき職場秩序が設定され、秩序違反者に対して制裁を科す際の根拠となります。

(2) 自院の実態に即した内容にすべき

　就業規則は、記載事項が法定されており（労基法 89 条）、厚生労働省などからはモデル就業規則が公表されています。

　このモデル就業規則をそのまま何となく利用している事業者が少なくありませんが、モデル就業規則は、接骨院の事業上の特性などを考慮していない一般的なものに過ぎません。例えば、服務規律の点では、モデル就業規則では抽象的な記載にとどまっていますが、受領委任の施術管理者として、勤務する柔道整復師に対して適切な監督が求められている柔道整復師（**3-7** 参照）は、受領委任の取扱規程に定める手続きを遵守することや、実施される調査等に協力すること等を規律しておく必要があるでしょう。また、患者との適切な距離感を設定するため、個人的な連絡先交換を禁止する必要がある場合もあるでしょう。事業の性質上、個人情報を多く扱いますので、患者等の個人情報について、在職中は当然として、退職後も他に漏えいしないことを義務とすることも必要になるでしょう。

　実態に即していない就業規則の具体例としては、現実には年次有給休暇（労基法 39 条）の消化がやっとの状態であるにもかかわらず、モデル就業規則と同様に、「結婚した時は〇日間の休暇を与える」など、法的義務を上回る慶弔休暇の規定をそのまま設けているなどのケースが典型的です。

(3) 意見聴取

　就業規則を作成する際は、労働者の意見を聴取しなければなりま

せん。具体的には、労働者の過半数で組織する労働組合がある場合はその労働組合、ない場合は労働者の過半数を代表する者（以下、「過半数代表者」といいます）の意見を聴かなければなりません（労基法90条1項）。過半数代表者は、選出の目的を明示し、当該事業場の労働者全員が参加しうる投票または挙手等の方法によって選出した代表者ですので（労基則6条の2）、使用者が一方的に指名するというものではない点に注意が必要です。

　そして、就業規則の作成を届け出る際は労働組合または過半数代表者の意見を記した書面を添付しなければなりません（労基法90条2項）。もっとも、これは「意見を聴く」以上のことは求められていないので、同意を得るとか、協議を行うといったことが必要なわけではありません。仮に「反対」との意見でも効力が無効となるわけではありません。

(4) 周　　知

　労働条件の詳細や人事制度に関するものでもあるため、「confidential（部外秘）」扱いにするのが通例です。同業者等に対してみだりに漏えい、公開されても困るので、紙ベースのものを労働者に交付するという扱いをしている事業者は少ないです。もっとも、就業規則の効力を生じさせるためには、これを労働者に周知させることが必要で、実質的に見て、当該事業場の労働者たちに対して、この就業規則の内容を知ろうとすれば知ることができる状態に置いておくことが必要です。

　具体的には、使用者は、就業規則を、常時、各作業場の見やすい場所に掲示、備付、書面の交付、コンピュータを使用した方法等によって、労働者に周知しなければなりません（労基法106条、労基則52条の2）。パソコンをよく使う事業者の場合、社内のイントラネットや共用のパソコンに保存し、そこで閲覧可能な状態にしておくという方法を採用している例が多いです。紙ベースで管理する場合、共用スペースなどに備え付けておき、いつでも閲覧可能な状態にしておくという例もよく見られます。

9-2 就業規則の変更

Q 施術所の診療時間（営業時間）を変更することに伴い、就業規則を変更したいのですが、どのように行えばよいのでしょうか？

....

A 労働者にとって不利益な変更をする場合は、原則として労働者との合意が必要になります。もっとも、例外的に、就業規則の変更が合理的なものであり、その内容を周知していたときには、合意がなくても変更することができる場合があります。

解説

（1）合意原則

　一度制定した就業規則を変更することによって事後的に労働条件を変更しようとする場合、その内容が労働者に不利益なものであるときは、原則として、労働者との合意が必要になります（労契法9条）。不利益な変更であるか否かは、変更時点で一概に言えないという場合が少なくないため、労働者が不利益であるとして反対している労働条件の変更である場合には、いったん労働者にとって不利益なものとして扱うこととされています。

　したがって、営業時間を9時～17時（うち休憩1時間）だったとこ

ろ、10時～18時（うち休憩時間1時間）に変更する場合、労働時間はいずれも7時間と変わりなく、始業・終業が1時間後ろ倒しになっただけですが、これに反対する労働者がいる場合、不利益変更として取り扱うことになります。

　就業規則の変更の際、「就業規則は使用者が定めた社内ルールなのだから、使用者が一方的に変更できるのだ」と安直に考え、労働者から合意を得ることを怠る事案が少なくありませんが、就業規則に職場のルールとしての効力を生じさせるためには、労働者との合意が必要になるのが原則ですので、改めて注意が必要です。

(2) 合意の認定方法

　また、合意が必要ということで、単に、労働者との間で「合意書」などの書面を取り交わしておけばそれで足りるかというと、そう単純でもない点も要注意です。平成28年2月19日最高裁判決では、交渉力の弱い立場にある労働者の地位に鑑み、就業規則の不利益変更に対する労働者の合意（同意）は慎重に認定すべきだとの考え方を示しました。

　このケースでは、労働者が変更についての同意書に署名押印していたのですが、裁判所は、変更を受け入れる旨の労働者の行為の有無だけでなく、当該変更によりもたらされる不利益の内容および程度、労働者により当該行為がされるに至った経緯およびその態様、当該行為に先立つ労働者への情報提供または説明の内容に照らして、合意（同意）が、自由な意思に基づいてされたものと認めるに足りる合理的な理由が客観的に存在するかという観点から判断すべき、と判示しました。

　要するに、合意書などの書面が作成されていてもそれだけでは足りない場合もあり、自由な意思に基づいて合意（同意）したという合理的理由が客観的に存在するかが問われることになります。

　そこで、同意書を取りつける前提として、変更の内容、理由、背景事情、検討経過などを説明し、質問があればそれに回答するなどして、十分に理解を深めてもらうべきです。その際、変更の内容を説明するため

図表 9-1　就業規則の新旧対照表作成例

番号	新	旧
1	（相談窓口の設置） 第●条　会社は、ハラスメントに関する相談・苦情に対応するため、事務局に相談窓口を設ける。 ・・・	＜新設＞
2	＜削除＞	（特別休暇） 第●条　従業員は、次の各号に該当する場合、各号に定める日数の特別休暇を取得することができる。 ・・・

の新旧対照表（図表 9-1 参照）、理由等を記載した説明文書、想定 Q
＆ A 集などを作成し、説明会などで交付すると、これらは同意の任意
性を客観的に証明する手段となりますのでお勧めです。説明会の開催日
時、回数、要した時間、出席者、説明会で出た質問とそれに対する回答
内容などを記録に残しておくことも重要です。

(3) 合意が不要な場合

　労働者から個別の同意が得られない場合、就業規則を変更することが
一切できないかと言うと、そうではありません。例外的に、就業規則の
変更が合理的なものであり、その内容を周知していたときは、合意がな
くても、労働条件は変更後の就業規則で定めるところによるものとなり
ます（労契法 10 条本文）。つまり、就業規則の変更にあたって、周知
と合理性の要件を満たせば、労働者の個別の合意を得なくても労働条件
を不利益に変更することが可能な場合があるわけです。

合理性の判断は、労働者の受ける不利益の程度、労働条件の変更の必要性、変更後の就業規則の内容の相当性、労働組合等との交渉の状況その他の就業規則の変更に係る事情に照らして判断されます。要するに、労働者の受ける不利益の程度と変更の必要性を中心に比較衡量し、それに労使の交渉状況や社会情勢などを加味して判断することになります。労使の交渉状況が考慮されますので、各労働者との合意（同意）をどの程度得ているか、どういう経緯で得たのか、またその経緯が記録化されているかが、ここでも重要になります。

　この判断は、裁判上、賃金や退職金など、労働者にとって重要な権利に関するものである場合、高度の必要性に基づいた合理的な内容でなければならないとされています。

　判断の見通しが難しいものである上、変更の効力が無効とされた場合、集団的な影響を及ぼす場面であることから、人事労務に精通している弁護士に相談することをお勧めします。

9-3 懲戒処分

Q 職場のルールに違反した者に対して何らかの処分を行いたいのですが、どのようにすればよいでしょうか？

A 就業規則に従って懲戒処分をすることができます。懲戒処分を行う際は、行為の性質に見合った重さにする必要があります。また、本人の言い分を十分に聞いた上で処分を行う必要があります。

解説

（1）懲戒処分とは

　使用者の服務規律や企業秩序を維持するために、就業規則において、懲戒となる事由と懲戒の種類を明記し、それが周知されていれば、懲戒処分を行うことができます。

　戒告（将来を戒める）、譴責（けんせき）（始末書を提出させて将来を戒める）、減給、降格、出勤停止、諭旨解雇、懲戒解雇などの懲戒処分を定めるのが一般的です。

(2) 就業規則制定上の留意点

　就業規則を策定する際には、違反行為の重大性に見合った適切な量刑判断に基づく処分ができるように、懲戒事由は懲戒事由として列挙し、懲戒処分の種類とは対応させない方法で規定する方法が使いやすいと思います。懲戒処分ごとに懲戒事由を書き分けている例があるのですが（下記「使いにくい例」参照）、どのような処分をするかは、当該労働者の処分歴、弁明（言い分）、他の事案との均衡なども考慮して判断することになるはずなので、硬直的で使いにくい事案に直面する可能性があります。

使いやすい例	使いにくい例
（懲戒事由） **第A条**　次の各号の一に該当する場合は、第B条に定める懲戒処分を行う。 　①　遅刻 　②　△△△ 　③　□□□ **（懲戒の種類）** **第B条**　第A条のいずれかに該当する場合には、その軽重に応じ、次の区分に従って懲戒処分を行う。 　①　譴責 　　・・・ 　②　減給 　　・・・ 　③　出勤停止 　　・・・ 　④　降格 　　・・・ 　⑤　諭旨解雇 　　・・・ 　⑥　懲戒解雇 　　・・・	**（懲戒事由）** **第A条**　次の各号の一に該当する場合は、けん責、減給または出勤停止とする。 　①　遅刻 　②　△△△ 　③　□□□ **第B条**　次の各号の一に該当する場合は、降格とする。 　①　◇◇◇ 　②　△△△ 　③　□□□ **第C条**　次の各号の一に該当する場合は、諭旨解雇または懲戒解雇とする。 　①　◇◇◇ 　②　△△△ 　③　□□□

例えば毎日遅刻をくり返す従業員に対する処分を考えると、右のように規定している場合、最も重い処分でも出勤停止となりますが、左のように規定していれば、それ以上の処分とすることが可能となります。

（3）懲戒処分実施上の留意点

①　違反の重大さに見合ったものにする

　懲戒処分は、違反行為の性質、勤務歴、処分歴、他の事案との均衡などに照らし、社会通念上相当なものと認められない場合には無効となります（労契法 15 条）。処分の重さは違反の重大さに見合ったものとする必要があり、例えば、5 分の遅刻 1 回で懲戒解雇とするのは重過ぎて無効になる可能性大です。

　他方、服務規律違反の中には、例えば施術録などの必要書類の記載が不十分だが指導しても改善がみられないとか、患者から聞いた話を他の患者に話しているなど、柔道整復師が法律上負っている職務規程違反となる可能性がある問題があります。

　施術録は、療養費の取扱いをしている柔道整復師であれば、受領委任の取扱いを受けるための協定または規程上、作成・保存が義務づけられています（**3-12** 参照）。また、柔道整復師は守秘義務を負っており、違反した場合、50 万円以下の罰金に処せられます（**2-8** 参照）。

　こうした職務倫理に関係する問題は、単に施術所内の問題として矮小化するのではなく、専門職である柔道整復師としての行為規範違反の重大性に見合った対応をすべきです。

②　本人の言い分を十分に聞く

　また、懲戒処分は秩序違反行為に対する制裁なので、就業規則において、例えば懲戒委員会に付した上で行うなど、懲戒処分を行う手続きを定めた場合はそれに従う必要があります。仮に手続きを定めていない場合でも、本人の言い分を十分に聞いた上で処分の適否を決定する必要があります。本人の言い分を聞かないで行った懲戒処分は、これも無効になる可能性があります。

9-4 解　雇

Q 「従業員を解雇するのは難しい」と聞いたことが
あるのですが、どういうことでしょうか？

A 解雇は、使用者が一方的に雇用関係を終了させ
るものなので、解雇できる場合は法律上制限さ
れており、自由に行うことができません。

解説

　解雇というのは、使用者が一方的に雇用契約を解約する措置です。労
働者は、賃金を生活の糧としており、それが一方的に奪われることによ
る影響が大きいことから、使用者による解雇は法律で規制がかけられて
いて、自由に行うことはできません。

（1）労災療養者・産前産後休業者の解雇制限

　まず、労働者が業務上負傷したり疾病にかかったりしてその療養のた
めに休業する場合、休業する期間とその後の 30 日間は解雇することが
できません（労基法 19 条 1 項）。これは、業務上の負傷または疾病の
場合の療養を安心して行うことができるようにするためです。

　同様に、妊娠中の女性が出産前 6 週間と出産後 8 週間の休業をする
期間（労基法 65 条）とその後 30 日間は、解雇することができません
（労基法 19 条 1 項）。これも、産前産後の休業を安心して行うことがで

きるようにするための規制です。

(2) 解雇権濫用法理

次に、解雇は、客観的に合理的な理由を欠き、社会通念上相当であると認められない場合には無効になります（労契法16条）。つまり、解雇を有効になし得るためには、客観的合理性と社会的相当性の2つの要件をクリアすることが必要です。

① 客観的合理性

客観的合理性とは、使用者による一方的な解雇を可能とする解雇事由があるかの問題です。つまり、雇用関係を存続させることができないと言えるような事情が客観的に存在するかというものです。

雇用契約では、労働者には労務提供義務があり、使用者には賃金支払義務がありますので、「何となく嫌いだから」というのは解雇事由にはなりません。解雇をするには、労務提供ができないまたは不十分だとする事情や理由が、客観的に存在する必要があります。そして、解雇事由が雇用の継続を困難にさせるほど重大なものかが問われます。

解雇事由が能力の問題である場合、雇用契約上、職務内容がどのようなもので、どのような職務遂行能力が求められているかを特定し、何についてどれくらい足りていないのかなどを、具体的に明らかにする必要があります。

解雇事由が規律違反の問題である場合、行為の性質、回数、業務に与える影響、改善の余地の有無などを特定し、雇用関係の継続が困難な程度に達していることを具体的に明らかにする必要があります。

さらに、解雇以外に方法がないのか、解雇を回避するための措置を十分にとったかも問われます。具体的には、①注意や指導を尽くしたか、②配置転換や降格をはじめとする人事上の措置、休職制度の利用など、他に選ぶことができる措置を実施したかなどです。

② 社会的相当性

仮に、解雇を行う客観的合理的理由がある場合でも、社会的に相当と言える解雇でないと有効とはなりません。社会的に相当か否かは、行為態様、使用者等に与えた影響、動機・目的、反省の態度、過去の勤務態度や処分歴、年齢、家族構成、他の処分との均衡、使用者側の落ち度、解雇手続の相当性など諸般の事情に照らして、解雇をすることが過酷に過ぎないかが問われます。

(3) 解雇予告義務

解雇する場合には、少なくとも30日前にその予告をしなければなりません。予告をしない場合、30日分以上の平均賃金を支払わなければならず、予告の日数が30日に満たない場合には、不足日数分の平均賃金を、解雇予告手当として支払う必要があります（労基法20条1項）。予告を不要とする場合もありますが、そのためには、労働基準監督署長から除外認定を受ける必要があります（労基法20条3項）。

(4) 解雇が無効の場合

解雇の効力が争われ無効と判断された場合、従業員との間で雇用関係が存続していたことになります。また、解雇から無効判決が確定するまでの間は、使用者が解雇を有効であるとして扱ったことが原因で労働者が労務提供不能であった期間となりますので、使用者は労働者に対してその間の賃金を支払う必要が生じます。

つまり、働いてもいない労働者に対して賃金を支払わなければならない（これを「バックペイ」といいます）ので、インパクトが大きいです。

したがって、解雇に踏み切るかどうかは慎重に判断すべきです。勢いだけで解雇を通知するのは絶対に避けるべきです。

9-5 労働時間

Q 従業員の労働時間について、どのような点に気をつければよいでしょうか？

A 労働時間の意味を正しく理解し、従業員の労働時間を正しく把握するようにしましょう。

解説

(1) 背　景

　柔道整復師は、身体を怪我した患者を相手にしますので、どうしても自分の働き方を犠牲にしてしまいがちです。

　例えば、休憩時間でも患者が来れば対応せざるを得なかったり、求められれば休日でも施術を行ったりする、という施術所も少なくありません。地域のニーズに寄り添った運営を行うことで信頼を得ることを重視している施術所も多く、ターゲットと想定している患者が来院することが可能な夜間の時間帯や、土日祝日を営業日にしたりするなどの例も増えています。

(2) 経営上のリスク

　しかし、時間外労働、休日労働、深夜労働（以下、「時間外労働等」

といいます）が常態化しており、法定の割増賃金を支払っていない場合には、従業員から、いわゆる「残業代」の支払請求がなされるおそれがあります。

それだけでなく、長時間労働等に起因して従業員が健康を害した場合、損害賠償請求がなされるおそれもあります。

(3) 労働時間該当性

そこで、まず従業員の労働時間をきちんと把握し、時間外労働等の抑制に努めるべきです。

労働時間とは、使用者の指揮命令下に置かれている時間のことをいい、使用者の明示または黙示の指示により労働者が業務に従事する時間は、労働時間に当たります。

例えば、参加を義務づけた朝礼、着用を義務づけた制服への着替えなど、業務に必要な準備行為を行う時間は、労働時間となります。また、研修や勉強会なども、参加が義務づけられている場合は労働時間になります。これらを労働時間でなく行う場合、使用者の義務づけでない自主的な性質を保つ必要があります。

次に、休憩していたとしても、患者が来院した際には即時に対応しなければならない状態で待機している時間（いわゆる「手待時間」）も労働時間です。休憩時間は、自由利用が保障され、労働から解放されている実態がないと、たとえ休憩していても労働時間に含まれる点に注意が必要です。

さらに、清掃、整理整頓、引継ぎなどの後始末についても、それらが業務として行われている場合は労働時間になります。これらは大なり小なり必要になるでしょうから、終業時刻の前に行うことを徹底すべきです。

(4) 労働時間の適正な把握

　労働時間の把握を適正に行うためには、始業時刻と終業時刻を、タイムカードなどの機械的方法で記録すべきです。

　労働時間の把握は、労働安全衛生法で、平成31年4月1日から、事業主は労働者の労働時間の状況を把握しなければならないと明記されています（労安衛法66条の8の3）。また、労働時間把握の具体的方法については、平成31年3月29日付基発0329第2号で、客観的な記録により労働日ごとの出退勤時刻や入退室時刻の記録等を把握しなければならないとされています。平成29年1月20日付「労働時間の適正な把握のために使用者が講ずべき措置に関するガイドライン」でも、労働時間の把握は客観的方法によることが原則とされているほか、自己申告制により行わざるを得ない場合の注意点が記載されています。

　タイムカードなどの機械的方法を導入するのが望ましいですが、そのような方法が難しい場合、使用者が自ら現認し、適正に把握し、それを記録すべきです。

　労働時間の適正な把握を怠り、もし仮にその状態で残業代請求がなされた場合、誤解を恐れずに言えば、裁判所は労働者側の言い値の労働時間を認定するおそれすらあります。なぜなら、適正な把握を怠ったのは使用者であって、労働時間について通常出せるはずの証拠を出せない使用者に有利な判断は出しにくい、という状況だからです。

(5) タイムカードの打刻の意味の明確化

　タイムカードで労働時間を把握する方法を採用した場合、タイムカードを打刻するタイミングをルール化し、その運用を徹底する必要があります。施術所に到着した出勤時刻と帰宅前の退勤時刻を打刻するのか、それとも、就業開始となる始業時刻と就業終了となる終業時刻での打刻なのかで、意味合いが異なってきます。

　一般的には、出勤と退勤の際に打刻すべきとしていることが多いと思

います。遅刻や早退を含めた出退勤管理にも使えるからです。

　出勤時刻・退勤時刻での打刻とする場合、就業規則の規定例としては、次のようになります。

（出退勤）
　第〇条　従業員は、出退社の際、タイムカード等会社が指定した方法によって、出勤時刻および退勤時刻を記録しなければならない。

　ポイントは、まず、「出勤時刻および退勤時刻」の記録を義務とする旨を明記することです。「始業時刻および終業時刻」とすべきではありません。実態が出退勤時刻の打刻であるにもかかわらず、就業規則で「始業および終業」の打刻と記載されていた場合、労働時間が実態より長くカウントされてしまうリスクがある点に注意が必要です。

　次に、「タイムカード等会社が指定した方法」とし、記録方法を限定しない方がよいでしょう。これは、状況や従業員の属性、技術の進歩などにより、当初の方法以外の方法に変更する可能性があるからです。

9-6 ハラスメント

Q パワハラを防止するための措置が義務づけられたと聞きましたが、具体的にはどのようなことを行えばよいのでしょうか？

A パワーハラスメントとは何かを理解して、職場におけるパワーハラスメントを予防し、発生した場合に適切な対応をとれる体制を整備しましょう。

解説

(1) 経営上のリスク

ハラスメントは被害者のメンタル面に不調をもたらし、場合によっては被害者が自殺に至る深刻なケースへと発展するおそれがあります。職場環境にも悪影響をもたらします。事業者には、民事上および刑事上の責任を問われるおそれがあるほか、事業者名が報道、公表されるなどのレピュテーションリスクがあります。

平成21年2月2日釧路地裁帯広支部判決では、事業主の安全配慮義務違反があったとして、1億円以上の損害賠償の支払いが命じられています。

(2) ハラスメント該当性

　パワーハラスメントとは、職場において行われる優越的な関係を背景とした言動であって、業務上必要かつ相当な範囲を超えたものにより、労働者の就業環境が害される行為を意味します（労働施策総合推進法30条の2第1項。図表9-2参照）。

　パワハラに当たるか否かは、業務上必要な注意指導との線引きが問題となります。

　違法なパワハラか適法な注意指導かは、以下の2つの裁判例が参考になります。

平成17年4月20日東京高裁判決

　サービスセンター所長が、部下である課長代理に対して、課長代理を含む十数名の所員宛に、一部、大きな赤文字で、「1．意欲がない、やる気がないなら、会社を辞めるべきだと思います。当SCにとっても、会社にとっても損失そのものです。あなたの給料で業務職が何人雇えると思いますか。あなたの仕事なら業務職でも数倍の業績を挙げますよ。

（中略）これ以上、当SCに迷惑をかけないで下さい」と記載したメールを送付した。

　→　違　　法

　　（叱咤督促の目的は是認できるが、名誉感情をいたずらに毀損するもので、著しく相当性を欠く）

平成21年4月23日高松高裁判決

　上司が、注意されても架空出来高の計上を1年以上継続させていた営業所長に対し、「会社を辞めれば済むと思っているかもしれないが、辞めても楽にはならないぞ」と厳しく叱責し、「無理な数字じゃないから、このぐらいの額だから、今年は皆辛抱の年にして返していこうや」などと営業所全員を鼓舞した。

→ 適　法

（架空出来高の計上を注意されていたのに 1 年以上継続していた事実などから、ある程度厳しい改善指導をすることは正当な業務の範囲内）

　2 つの裁判例を比較すると、人格を否定する発言をするとか、不必要に他の従業員に聞こえるような方法で叱責したとなると、パワハラになる可能性が高くなることがわかります。

　他方、注意指導の必要性が高い場合、ある程度厳しく行うことも許容されます。

(3) パワハラ防止対策の義務化

　労働施策総合推進法の改正により、令和 4 年 4 月 1 日から、中小企業を含む事業者にはパワーハラスメント防止対策が義務づけられています。具体的には、**図表 9-3** の措置を講じる必要があります。

　厚生労働省作成の「パワーハラスメント対策導入マニュアル（第 4 版）」（https://www.no-harassment.mhlw.go.jp/pdf/pwhr2019_manual.pdf）には、就業規則の規定例、研修資料、ポスター例などが掲載されており、参考になります。

　ハラスメント問題は、それを生じさせないためのルールづくりや雰囲気づくりが大切であるとともに、ハラスメントに関する相談があった場合、事実関係を迅速に調査した上で、適切に対処することが重要です。

図表 9-2　職場におけるパワハラに該当すると考えられる例／該当しないと考えられる例

以下は代表的な言動の類型、類型ごとに典型的に職場におけるパワハラに該当し、又は該当しないと考えられる例です。個別の事案の状況等によって判断が異なる場合もあり得ること、例は限定列挙ではないことに十分留意し、職場におけるパワハラに該当するか微妙なものも含め広く相談に対応するなど、適切な対応を行うことが必要です。　※　例は優越的な関係を背景として行われたものであることが前提

代表的な言動の類型	該当すると考えられる例	該当しないと考えられる例
(1) 身体的な攻撃 （暴行・傷害）	① 殴打、足蹴りを行う ② 相手に物を投げつける	① 誤ってぶつかる
(2) 精神的な攻撃 （脅迫・名誉棄損・侮辱・ひどい暴言）	① 人格を否定するような言動を行う。相手の性的指向・性自認に関する侮辱的な言動を含む。 ② 業務の遂行に関する必要以上に長時間にわたる厳しい叱責を繰り返し行う ③ 他の労働者の面前における大声での威圧的な叱責を繰り返し行う ④ 相手の能力を否定し、罵倒するような内容の電子メール等を当該相手を含む複数の労働者宛てに送信する	① 遅刻など社会的ルールを欠いた言動が見られ、再三注意してもそれが改善されない労働者に対して一定程度強く注意をする ② その企業の業務の内容や性質等に照らして重大な問題行動を行った労働者に対して、一定程度強く注意をする
(3) 人間関係からの切り離し （隔離・仲間外し・無視）	① 自身の意に沿わない労働者に対して、仕事を外し、長期間にわたり、別室に隔離したり、自宅研修させたりする ② 一人の労働者に対して同僚が集団で無視をし、職場で孤立させる	① 新規に採用した労働者を育成するために短期間集中的に別室で研修等の教育を実施する ② 懲戒規定に基づき処分を受けた労働者に対し、通常の業務に復帰させるために、その前に、一時的に別室で必要な研修を受けさせる
(4) 過大な要求 （業務上明らかに不要なことや遂行不可能なことの強制・仕事の妨害）	① 長期間にわたる、肉体的苦痛を伴う過酷な環境下での勤務に直接関係のない作業を命ずる ② 新卒採用者に対し、必要な教育を行わないまま到底対応できないレベルの業績目標を課し、達成できなかったことに対し厳しく叱責する ③ 労働者に業務とは関係のない私的な雑用の処理を強制的に行わせる	① 労働者を育成するために現状よりも少し高いレベルの業務を任せる ② 業務の繁忙期に、業務上の必要性から、当該業務の担当者に通常時よりも一定程度多い業務の処理を任せる
(5) 過小な要求 （業務上の合理性なく能力や経験とかけ離れた程度の低い仕事を命じることや仕事を与えないこと）	① 管理職である労働者を退職させるため、誰でも遂行可能な業務を行わせる ② 気にいらない労働者に対して嫌がらせのために仕事を与えない	① 労働者の能力に応じて、一定程度業務内容や業務量を軽減する
(6) 個の侵害 （私的なことに過度に立ち入ること） ★ プライバシー保護の観点から、機微な個人情報を暴露することのないよう、労働者に周知・啓発する等の措置を講じることが必要	① 労働者を職場外でも継続的に監視したり、私物の写真撮影をしたりする ② 労働者の性的指向・性自認や病歴、不妊治療等の機微な個人情報について、当該労働者の了解を得ずに他の労働者に暴露する	① 労働者への配慮を目的として、労働者の家族の状況等についてヒアリングする ② 労働者の了解を得て、当該労働者の機微な個人情報（左記）について、必要な範囲で人事労務部門の担当者に伝達し、配慮を促す

（出典）厚生労働省
「2020 年（令和 2 年）6 月 1 日から、職場におけるハラスメント防止対策が強化されました！」

第9章　人事労務

図表 9-3　職場におけるパワーハラスメントの防止のために講ずべき措置

事業主は、**以下の措置を必ず講じなければなりません（義務）**。

◆　事業主の方針等の明確化及びその周知・啓発
① 職場におけるパワハラの内容・パワハラを行ってはならない旨の方針を明確化し、労働者に周知・啓発すること
② 行為者について、厳正に対処する旨の方針・対処の内容を就業規則等の文書に規定し、労働者に周知・啓発すること

◆　相談に応じ、適切に対応するために必要な体制の整備
③ 相談窓口をあらかじめ定め、労働者に周知すること
④ 相談窓口担当者が、相談内容や状況に応じ、適切に対応できるようにすること

◆　職場におけるパワーハラスメントに係る事後の迅速かつ適切な対応
⑤ 事実関係を迅速かつ正確に確認すること
⑥ 速やかに被害者に対する配慮のための措置を適正に行うこと [注1]
⑦ 事実関係の確認後、行為者に対する措置を適正に行うこと [注1]
⑧ 再発防止に向けた措置を講ずること [注2]
　　注1　事実確認ができた場合　注2　事実確認ができなかった場合も同様

◆　そのほか併せて講ずべき措置
⑨ 相談者・行為者等のプライバシー [注3] を保護するために必要な措置を講じ、その旨労働者に周知すること　　注3　性的指向・性自認や病歴、不妊治療等の機微な個人情報も含む。
⑩ 相談したこと等を理由として、解雇その他不利益取扱いをされない旨を定め、労働者に周知・啓発すること

（出典）厚生労働省
「2020年（令和2年）6月1日から、職場におけるハラスメント防止対策が強化されました！」

9-7 突然の退職

Q 従業員が、突然、「辞めます」と言って出勤しなくなり、シフトに穴が開き、お客様に迷惑をかける事態が生じたのですが、このような事態を防ぐための方法はないでしょうか？

A 就業規則において、合意解約のために必要な手続きを定め、あらかじめ、退職の際は、その所定の手続きを経て、必要な引継ぎなどをしてから退職するよう周知しておくのがよいでしょう。損害賠償請求をすることが可能な場合もありますが、費用対効果などの点から慎重に検討すべきです。

解説

(1) 突然の退職申出に対する対応

　従業員が突然辞めると言い出し、翌日から出勤しなくなったりすることがあります。

　期間の定めのない雇用契約は、労働者はいつでも解約の申入れをすることができ、解約を申し入れた日から2週間が経過することで雇用関係は終了となります（民法627条1項）。つまり、「辞めます」という意思表示の後、2週間経過後に退職となるわけです。その間出勤しない

場合は、無断欠勤として扱うことになります。

(2) 損害賠償請求の実態

　無断欠勤が原因で損害が生じたときは、その損害の賠償請求をすることができます（民法415条、709条）。もっとも、当該従業員の無断欠勤によっていかなる損害がどのような経過で生じたのか、使用者側が立証しなければなりません。例えば、当該従業員の担当患者から予約が入っていたため、他の施術所から人手を借りて施術を行い、通常の賃金より割り増した報酬を支払ったことによる割増部分の賃金や、当該従業員が突如辞めたため患者も来なくなってしまった逸失利益などは、賠償すべき損害に含まれる可能性があります。

　もっとも、院長自ら代わりに施術を行うことでカバーできた場合など、特段何らかの損害が生じたとはいえないケースが少なくありません。また、何らかの損害が生じたといえるとしても、そもそも損害額が大きいものではなかったり辞めたことと損害発生との間の因果関係の証明が難しかったりする場合がほとんどですので、立証の手間や従業員の資力などに鑑み、どのような対応をするのがよいかを慎重に検討すべきです。

(3) 損害賠償額の予定

　稀に、「即時に辞めると言い出し、引継ぎをしなかった場合に違約金として○○万円を支払う」などの違約金を就業規則等に規定している例を見かけますが、このような規定は無効です。労基法16条で、損害賠償額を予定する契約をすることは禁止されているからです。

(4) 予防のための方策

　突然の退職といった事態をできるだけ避けるには、就業規則に、次の

ような退職手続に関する規定を設け、従業員への周知を徹底することが
考えられます。

（退職願）
第○条　従業員は、自己の都合により退職しようとするときは、30
　　日前までに所定の退職願を提出しなければならない。

　従業員の退職意向が強固で、辞職の意思表示が行われたという場合
は、2週間の経過時に退職となってしまいますが（民法627条1項）、
雇用契約の合意解約の申込方法を限定し、それを周知することで、いき
なり口頭で辞めますと言い出すことをできるだけ予防するようにすると
いうものです。

9-8 競業の防止

Q 退職の意向を示した従業員が、どうやら近隣の別の事業者の施術所で働こうとしているようです。どうにかして止められないでしょうか？

A 雇用契約締結時に競業避止義務を設定しておきましょう。また、退職時にも、改めて競業避止の誓約をとりつけましょう。その際、競業避止の必要性に鑑み、地理的範囲や期間を合理的な範囲に設定することが重要です。

解説

(1) 競業避止義務の設定

従業員との間では、退職後に同業他社に就業しないよう競業避止義務を課す契約を締結することができます。

従業員は、雇用契約の性質上、在職中は使用者の利益に反する競業を差し控える義務がありますが、退職後は雇用関係が終了していますので、退職後の競業避止義務を課すには、その旨を明記した契約を締結する必要があります。

したがって、入社時に作成する雇用契約書や就業規則において、退職後も競業避止義務がある旨明記しましょう。

(2) 競業避止義務の有効性

　契約上、競業避止義務を課したとしても、退職後は各人に職業選択の自由（憲法22条1項）がありますので、設定した競業避止義務が職業選択の自由を不当に侵害するものとして無効ではないかが問題となります。そこで、退職時にも改めて誓約書等を提出させるなどして、退職後の競業避止義務があることを相互に確認するようにしましょう。

　その際は、①競業避止義務を課す理由（必要性）、②競業避止義務の範囲（期間、職種、地域の限定）を説明し、納得を得ることが重要です。①競業避止義務を課す理由（必要性）は、当該従業員の地位や職務内容等によって変わってくるはずです。また、②期間が長ければ長いほど、職種が広ければ広いほど、地域が広ければ広いほど、合理性を欠くとして無効になるリスクがあります。

　競業避止義務の有効性を担保するためには、退職金を割り増して支払うなどの代償措置を講じることも検討すべきです。

(3) 誓約書徴求のタイミング

　退職を決めている従業員の場合、その時になって誓約書の作成を求めても、素直に署名・押印するとは限りません。

　ですから、例えば、施術者として実働するに至った時（例えば、入社後半年間の経過時など）、役職に就いた時などの適宜のタイミングで、競業避止義務を盛り込んだ誓約書の作成・交付を義務付けるなど、競業避止義務を有効に課すことができるタイミングを検討しておくとよいでしょう。

(4) 違反発覚時の対応

　競業避止義務違反が判明した場合、①競業行為の差止め、②損害賠償請求、③退職金の減額や不支給をすることが考えられます。

最近の裁判例の傾向としては、競業避止を誓約させていたとしても、労働者の職業選択の自由に照らして制限の期間や範囲を最小限にとどめることや、代償措置を求めるなど、有効性について厳しい態度をとる傾向にあります。

　他方、顧客を奪ったとか従業員を大量に引き抜いたとか、営業秘密を不正に利用しているなどの態様で競業行為がなされている場合は、請求を肯定する方向での考慮要素となりますので、競業の実態を可能な限り調査し、把握した上で対応を検討する必要があります。

9-9 労災保険への特別加入

Q 柔道整復師が労災保険に特別加入できるように
なったという話を聞きましたが、どのような制
度でしょうか？

A 令和3年4月1日より、仕事中や通勤中の怪
我、病気等に対して補償が受けられる労災保険
に、柔道整復師が特別加入できるようになりま
した。

解説

(1) 労災保険とは

労災保険とは、仕事中や通勤中に被った怪我、病気などについて補償
を受けることができる制度です。医療機関に通院した場合の治療費や、
怪我等で休業せざるを得なかった休業期間の補償が支給されます（**第5
章**参照）。

本来、労災保険に加入できるのは労働者ですが、一定の要件を満たす
場合、独立して事業を営んでいる者も任意に加入することができ、これ
を「特別加入制度」といいます。

(2) 特別加入制度の新設

　柔道整復師の業務では、患者を介助する際の動作により腰痛を発症したり腕を負傷したりすることがあります。施術用ベッドを移動させる時や、治療機器の配線につまずいて転倒する等の事故が生じることもあります。また、自宅から施術所までの通勤途中で通勤災害が生じることもあり得ます。

　これらの事態について、労災による補償を受けることを可能にするため、令和3年4月1日より、柔道整復師も、労災保険に特別加入できるようになりました（労災保険法33条3号、労災則46条の17第8号）。

(3) 手 続 き

　特別加入の手続きは、柔道整復師の特別加入団体として承認された団体（公益社団法人日本柔道整復師会など）を通じて、加入申請書等を所轄の労働基準監督署を経由して都道府県労働局長に提出する必要があります。

9-10 雇用契約ではなく業務委託とすることができるか

Q 新規開設する整骨院の店長を採用したいのですが、雇用契約ではなく業務委託契約の方法を採ることができるでしょうか？

A 可能です。ただし、実態が雇用関係であると判断されないように運用する必要があります。

解説

　どのような契約を締結するかは、原則として契約自由の原則に委ねられていますので、雇用契約ではなく業務委託契約を締結することは、もちろん可能です。複数の施術所を経営している事業者の場合、各施術所の院長との間では業務委託契約を締結して施術所の経営を当該院長に委託するという形態を採用する例が、少なくありません。

　この場合、形式的に「業務委託契約」という方法を採っても実態が雇用関係にあると判断された場合、労基法などの労働関係法令が適用されることがあり得ますので、注意が必要です。業務委託である以上、就業規則は適用されず、出退勤など仕事の進め方は基本的には裁量に委ねられる面が多くなるはずですので、就業規則を適用して、注意指導をするとか、懲戒処分を行うといった誤りを犯していないか、念のため確認してください。

　実態が雇用関係にあると判断されるのは、使用者との間に「使用従属

関係」があると認められる場合です。具体的には、次の事情などを総合的に考慮して判断されます。

---

① 仕事の依頼を応諾するか拒否するかの自由があるか
② 業務遂行上の指揮監督関係があるか
③ 仕事を行うのに時間的・場所的拘束性があるか
④ 仕事を他人に代替させることが可能か否か
⑤ 報酬の算定・支払方法が従業員に対する賃金と同質か、それとも事業者に対する契約代金か
⑥ 機械・器具の負担等に有無に現れる事業者性
⑦ 専属性

　仕事を行うにあたり、時間や場所が定められていて出退勤の自由がなく、仕事の進め方等について指揮監督を受けていて、業務を他人に代わって行わせることができず、報酬の金額や計算方法も従業員に対する賃金と同様・同質だというケースでは、労働者性が肯定される可能性が高いです。

　この点に関して、あん摩・はり・灸治療病院に待機しているあん摩師、はり師、灸師等について、一般的には、病院主とあんま師等の間に実質的な使用従属関係があるものと認められる解釈例規が出されています（昭和 36 年 4 月 19 日基収 800 号）。また、裁判上も、リラクゼーションサロンに待機して施術をするセラピストについて、労働者性が肯定された例があります（令和元年 10 月 24 日大阪地裁判決）。

　したがって、業務委託契約の方法を採る場合、契約書の文言や委託した業務の遂行管理方法の実態などが、使用従属性を肯定する方向に作用していないかなどについて、慎重に検討する必要があります。

9-11 契約社員・アルバイト

Q いきなり正社員として採用するのではなく、最初は期間を定めた契約社員や、週3回などのアルバイトとして採用したいのですが、可能でしょうか？

A 契約社員やアルバイトを採用する目的に規制があるわけではないため採用は可能ですが、雇止めの規制、期間途中解雇の規制、無期転換権、均衡・均等処遇原則などに注意する必要があります。

解説 👥

　雇用契約に期間の定めを設けたり（いわゆる契約社員）、正社員より1日当たりの労働時間を短くしたり、週や月の所定労働日数を少なくしたりすること（いわゆるアルバイト、パートタイマー）は、雇用の目的に法律上規制があるわけではないので、当然可能です。その場合、契約期間が満了すれば、雇用関係が終了しますが、契約を更新することで、改めて雇用契約を締結することもできます。比較的短期間の有期雇用契約を締結し、労働需要が続く限り契約を更新し続けるという対応がとられることが多く見受けられますが、以下の法規制に注意が必要です。

(1) 期間の長さ

　有期雇用契約の期間の長さは、原則として3年が上限です（労基法14条1項）。

　下限については直接的な規制はありませんが、必要以上に短い期間を定めることによりその労働契約を反復して更新することのないよう配慮しなければならない、とされています（労契法17条2項）。

(2) 雇止め法理

　期間の満了によってどんな場合も必ず有期雇用契約による雇用関係が終了するかというと、そうではありません。①契約の反復更新により実質的に期間の定めのない労働契約と同視できる場合や、②契約更新をすることについて合理的な期待があると認められる場合には、更新を拒否して雇用関係を終了させること（雇止め）につき、客観的に合理的で社会通念上相当な理由が必要で、これを欠くときは雇用関係は継続することになります（労契法19条）。

　①の実質的に無期契約と同視できる場合とは、反復更新の程度や、契約の更新管理の実態などから判断されます。例えば、2カ月の有期労働契約を簡易な更新手続で5回～23回反復更新して長期間にわたって雇用が継続されてきた基幹臨時工のケースは、実質的に無期契約だと判断されました（昭和49年7月22日最高裁判決）。また、契約書が作成されていなかったり、更新管理がずさんだったりすると、実質無期と認定される可能性が高まります。

　また、②の更新に対する合理的期待は、更新回数や通算期間のほか、業務内容の恒常性や他の同種の有期契約者の更新回数、使用者側の言動などが考慮されます。例えば、2カ月の有期労働契約が5回更新された臨時工について、ある程度の継続が期待されていた、としたケースがあります（昭和61年12月4日最高裁判決）。有期契約者が事業の基幹となる業務（例えば、施術所における柔道整復師）を担当していて、有

期雇用とする特別の事情がなく、長期雇用を前提とする言動（「普通に
やっていれば更新する」、「ここで長く働いてほしい」などと説明したな
どの事情）があると、更新期待があったと認定される可能性が高まりま
す。

　①実質無期または②更新期待が認められると、期間満了時に雇止めを
有効に行うには、客観的合理性、社会通念上相当性が必要になります。
これは、期間の定めのない雇用契約における解雇と同様の判断枠組みで
判断されるということです（**9-4** 参照）。

　したがって、まず、実質無期と扱われないために、契約書をその都度
作成し、面談を実施するなどの更新管理を適切に行う必要があります。

　また、更新期待を生じさせないために、あたかも更新されるのが当然
であるかのような言動をしないことや、漫然と更新を繰り返す対応をし
ないことなどが重要です。

(3) 期間途中の解雇

　有期雇用契約者に対して、期間途中で解雇をする場合、「やむを得な
い事由」がある場合でなければできません（労契法 17 条 1 項）。期間
の定めのない正社員を解雇する場合よりもハードルが高いということに
なります。

　これは、雇用期間の定めがある以上、その期間中は原則として契約を
解除できず、例外的に、「やむを得ない事由」がある場合に限って解除
できるとされていることによるものです。

　「やむを得ない事由」は、期間の定めのない雇用契約を解雇する際の
客観的合理性・社会通念上相当性よりもより重大なものが要求されま
す。具体的には、有期雇用という雇用保障を直ちに打ち切って終了せざ
るを得ないような、特別に重大な事由ということになります。

　通常の解雇も慎重に検討すべきですが（**9-4** 参照）、有期雇用の場
合、一層慎重に考える必要があります。期間の定めがあるのですからそ
の終期での雇止めとするのが実際的です。

(4) 無期転換権

　有期雇用契約を反復更新することにより契約期間が通算5年を超えた場合、その有期雇用労働者からの申込みにより期間の定めのない雇用契約が成立します。これは、比較的短期の有期雇用契約の更新を重ねることにより、正社員より処遇が低く雇用調整がしやすい有期雇用を、正社員雇用の代替として濫用的に利用することを抑止するための規制です。

　単に通算契約期間が5年経過しただけで自動的に無期契約となるわけではなく、労働者が無期転換権を行使した場合に限られますが、労働者から無期転換の申込みがなされた場合、使用者はこれを拒絶することはできません。

(5) 均衡・均等処遇

　事業主は、仕事の内容が正社員と同じ有期雇用労働者またはパートタイマーで、仕事の内容および配置が正社員と同じ範囲で変更されることが見込まれるものについては、同じ賃金制度下に置き、均等な待遇とすることが求められます。（短時間有期雇用労働者法9条）。

　また、それらが同一でない場合は、職務内容、職務内容・配置の変更範囲、その他の事情に照らして、適用する制度は違っていても構わないのですが、不合理と言えない程度につり合いのとれた均衡待遇とすることが求められます。（短時間有期雇用労働者法8条）。

　これは、「働き方改革」のスローガンの下、日本版「同一労働同一賃金」の実現と称して実現された規定です。

　自院の契約社員・アルバイトについて、どのような待遇とすべきかを検討する際は、次の手順で見極めるとよいでしょう。

図表 9-4　パートタイム・有期雇用労働法対応のための取組み手順

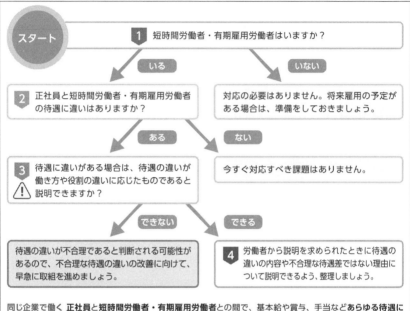

同じ企業で働く **正社員** と **短時間労働者・有期雇用労働者** との間で、基本給や賞与、手当など **あらゆる待遇について、不合理な差** を設けることが **禁止** されています。
事業主は、正社員と短時間労働者・有期雇用労働者の働き方の違いに応じて、均衡な待遇（均等な待遇）の確保を図るための措置を講じなければなりません。

均衡**待遇**とは？
（不合理な待遇の禁止）

①職務内容※、②職務内容・配置の変更の範囲、③その他の事情の違いに応じた範囲内で、待遇を決定する必要があります。

均等**待遇**とは？
（差別的取扱いの禁止）

①職務内容※、②職務内容・配置の変更の範囲が同じ場合、待遇について同じ取扱いをする必要があります。

※ 職務内容とは、業務の内容及び責任の程度をいいます。

（出典）厚生労働省「パートタイム・有期雇用労働法対応のための取組み手順書」

【著者略歴】

高津　陽介（たかつ　ようすけ）

高津・平岡法律事務所。
2011年弁護士登録。
第一東京弁護士会所属。同会労働法制委員会委員。経営法曹会議会員。
専門は人事労務を中心とした企業法務。
柔道整復師業界との関係では、一般社団法人全国柔道整復師連合会などの業界団体の法律顧問を務めている。

柔道整復師が知っておくべき
法的知識Q&A　　　　　　　　　令和4年10月10日　初版発行

日本法令®

検印省略

〒101-0032
東京都千代田区岩本町1丁目2番19号
https://www.horei.co.jp/

著　者	高	津	陽	介
発行者	青	木	健	次
編集者	岩	倉	春	光
印刷所	日	本 ハ イ	コ	ム
製本所	国	宝		社

（営　業）　TEL　03-6858-6967　　Eメール　syuppan@horei.co.jp
（通　販）　TEL　03-6858-6966　　Eメール　book.order@horei.co.jp
（編　集）　FAX　03-6858-6957　　Eメール　tankoubon@horei.co.jp

（オンラインショップ）　https://www.horei.co.jp/iec/
（お詫びと訂正）　　　　https://www.horei.co.jp/book/owabi.shtml
（書籍の追加情報）　　　https://www.horei.co.jp/book/osirasebook.shtml

※万一、本書の内容に誤記等が判明した場合には、上記「お詫びと訂正」に最新情報を掲載しております。ホームページに掲載されていない内容につきましては、FAXまたはEメールで編集までお問合せください。

・乱丁、落丁本は直接弊社出版部へお送りくださればお取替えいたします。
・ JCOPY 〈出版者著作権管理機構 委託出版物〉
　本書の無断複製は著作権法上での例外を除き禁じられています。複製される場合は、そのつど事前に、出版者著作権管理機構（電話 03-5244-5088、FAX 03-5244-5089、e-mail: info@jcopy.or.jp）の許諾を得てください。また、本書を代行業者等の第三者に依頼してスキャンやデジタル化することは、たとえ個人や家庭内での利用であっても一切認められておりません。

© Y. Takatsu 2022. Printed in JAPAN
ISBN 978-4-539-72928-1